스타일과 전략

한 패션 디자이너의 경영 이야기

스타일과 전략

〔**이유순** 지음〕

"나는 흐름을
따르지 않았다.
흐름을
만들었다"

40년, 감성을 전략으로 바꾼
한 사람의 도전기

바른북스

Prologue

당신이
당신의 문장을
써 내려가기를

나는 이유순이라는 이름으로 60년을 살아왔다.

세상을 두려워하지 않던 도전적인 어머니의 딸로서, 나 역시 세상을 두 팔로 끌어안으며 살아왔다. 1981년, 지방 출신의 나는 대학 진학을 계기로 서울 유학길에 올랐고, 1982년 봄, 종로 거리에서 우연히 마주한 '복장학원' 간판 하나가 내 인생의 방향을 바꾸었다. 그리고 1985년, 여성에게조차 여권 발급이 쉽지 않던 시절에 나는 이탈리아 유학을 결심했다.

밀라노에서 디자인을 공부하며 1986년부터 현지 패션기업에서 디자이너로 활동했고, 1990년에는 내가 기획한 브랜드 매장을 뉴욕에 열기 위해 한국으로 돌아왔다. 이후 30년 넘게, 나는 디자이너로, 리서처로, 글로벌 전략가로 살아왔다. IMF 위기 속에서는 산업의 본질을 다시 들여다보았고, 인문학과 공학, 계량경영학까지 넘나들며 실천과 이론을 아우르는 새로운 길을 모색했다.

　나는 패션을 삶의 방식으로 받아들였고, 전략을 감각으로 체화해 왔다. 디자인 데이터베이스 구축, 시장 분석 모델 개발, 제조 현장의 스마트화까지—내가 걸어온 길은 늘 새로운 영역을 향한 연결의 여정이었다.

　그 결과, 한국 패션시장의 변화를 수치로 제시하고, 미래를 예측하며, 실무를 전략으로 끌어올리는 작업을 끊임없이 이어왔다.

"사람은 시스템보다 크다. 전략은 숫자보다 깊다. 패션은 삶보다 가볍지 않다"

　이 책은 그런 여정의 기록이다. 패션을 향한 열정, 경영을 향한 탐색, 시스템을 향한 통찰이 하나의 문장으로 연결된 결과물이다.

　'디자이너, 리서처, 전략가, 시스템 설계자'라는 정체성은 직함이 아니라 삶의 문법이었고, 나는 그 모든 문장을 내 손으로 써 내려왔다.

　1장과 2장에서는 패션이라는 세계를 처음 발견하고, 이탈리아와 유럽 현장에서 배운 산업과 창의성의 언어를 기록했다.

　3장과 4장에서는 한국 패션산업이 세계로 나아가는 과정을, 그리고 위기 속에서 살아남기 위한 전략적 선택과 집중, 혁신과 실패의 순간들을 되짚는다.

5장은 데이터를 통해 패션을 수치화하고, 경영의 언어로 재구성하려 했던 실험을 담았다. '디자인'과 '숫자'가 만나 새로운 통찰로 변해가는 여정이었다.

6장과 7장은 지금 내가 일하고 있는 현실의 이야기다. 브랜드를 만들고, 공장을 바꾸고, 지역과 사람을 연결하며 다시 한번 산업을 살아보는 실천의 현장을 전한다.

마지막 8장은 나의 경험을 하나의 언어로 정리한 장이다. 전략가이자 기획자, 그리고 한 사람의 여성으로 살아온 나의 삶 속에서, 지금 시작하려는 이들에게 건네고 싶은 조언과 희망의 메시지를 담았다.

나는 이 책이 단순한 회고에 머물지 않기를 바란다.

내 이야기가 패션을 사랑하는 이들, 경영의 본질을 고민하는 이들, 그리고 도전 앞에 선 누군가에게 살아 있는 이정표가 되기를 소망한다.

그리고 더 나아가, 당신만의 문장을 새롭게 써 내려갈 용기를 불러일으키는 출발점이 되기를 바란다.

세상에 단 하나뿐인 문장을. 당신의 삶으로부터.

이유순

차례

Prologue. 당신이 당신의 문장을 써 내려가기를

1장 복장학원 간판 앞에서 시작된 인생
— 패션, 시대, 여성, 그리고 나

재봉틀 앞에서 열린 첫 가능성 ·· 14
역사학도의 눈으로 본 의복과 인간 ·· 20
샤넬보다 먼저 온 직조의 기억 — 가족과 산업의 교차점 ············· 24
나는 어디서 디자인을 배웠는가
— 1980년대 패션 교육의 지형도 위에서 ·································· 30
여권을 손에 쥐기까지 — 여성의 조건과 제도의 벽 ····················· 36
밀라노, 낯선 세계에 발을 딛다 ·· 41

2장 밀라노에서 길을 찾다
— 패션하우스, 훈련소, 그리고 디자이너로의 성장

마랑고니 디자인 학교에서의 배움 ·· 46
이탈리아 패션하우스에서 수석 디자이너가 되기까지 ·················· 56
이탈리아 패션산업의 경쟁력과 쇠퇴 ··· 72

세계에서 배운 전략, 한국에서 꽃피우다
— 글로벌 실험과 현지 전략, 그 접점에서

찰스허 프로젝터, 한국 패션의 글로벌 실험실	82
베네통과의 만남, 그리고 한국에서의 전략 실험	93
전략가의 옷을 입다 — 제일모직에서 시작된 또 다른 여정	105

전략은 실행될 때 문화가 된다
— 브랜드, 사람, 조직을 연결하는 실천의 기술

브랜드 인수 — 파멜라 데니스(Pamela Dennis)	120
라이선스 제휴 — 신시아 로리(Cynthia Rowley)	128
독점 수입 — 이세이 미야케(Issey Miyake)	135
인재 전략 — 브랜드를 움직이는 사람의 구조화	142
전략 문화화 — 사람과 구조를 넘은 실행의 완성	156

5장 위기 속, 나의 전략이 움직이다
— IMF와 재편기의 현장에서 탄생한 경영 혁신

IMF 이후, 한국 패션산업의 격변 · 166
선택과 집중 — 사업 포트폴리오의 전략적 재구성 · · · · · · · · · · · · 174
패션정보시스템의 탄생 — 데이터를 전략으로 바꾸다 · · · · · · · · · 181
브랜드 가치 우선 경영 · 192

6장 숫자로 읽는 패션, 데이터로 짓는 전략
— 감각과 계량, 패션을 이해하는 또 하나의 언어

왜 인문학도가 계량경영학을 공부했는가 · · · · · · · · · · · · · · · · · · · 200
감각을 수치로 바꾸다 — 판매 예측 모델 · · · · · · · · · · · · · · · · · · · 206
고객을 세분화하다 — 소비자 군집 분석 · 210
고객을 연결하다 — CRM과 데이터마이닝 전략 · · · · · · · · · · · · · 216
시장을 수치화하다 — 패션시장 규모 추정 모델 · · · · · · · · · · · · · 220
디자인을 데이터로 예측하다 — 패션 트렌드 추종 모델 · · · · · · · 230
정보의 지도화 — 삼성디자인넷(SDN) · 239
대통령 표창과 국제적 인정의 순간 · 249

현장에서 미래를 짓다
— 패션과 산업, 예술의 교차점에서

생산은 또 다른 기획이다 — 내가 실행한 공장의 언어들 ⋯⋯⋯⋯ 258
작은 브랜드, 큰 전략 — 수공예와 AI로 설계한 재키꾸뛰르 ⋯⋯⋯⋯ 263
베이블(Vable) 프로젝트 — 폐섬유에서 다시 태어난 가치 ⋯⋯⋯⋯ 270
공간을 입히다 — 벨벳의 기억을 문화로 짓다 ⋯⋯⋯⋯⋯⋯⋯⋯⋯⋯ 276

패션, 산업, 삶을 연결하는 전략
— 한 사람의 경험에서 시대의 해석으로

여성으로서 전략을 살아내다 — 나는 이렇게 말하고 실행했다 ⋯⋯⋯⋯ 286
다음 세대를 위하여 — 질문하고, 견디고, 연결하라 ⋯⋯⋯⋯⋯⋯⋯ 291
나의 전략, 나의 언어 — 생각을 바꾸는 말들 ⋯⋯⋯⋯⋯⋯⋯⋯⋯⋯ 296
마지막 페이지를 넘기며 — 나의 40년, 그리고 그 이후 ⋯⋯⋯⋯⋯⋯ 301

Special Chapter. 그 '숨겨진 다섯 번째 여정' — 교수와 연구자의 시간

Epilogue. 그리고 당신의 시작

| 1장 |

복장학원 간판 앞에서 시작된 인생

패션, 시대, 여성, 그리고 나

"인생에서 가장 중요한 두 날은,
 당신이 태어난 날과 그 이유를 깨닫는 날이다"

마크 트웨인(Mark Twain, 미국 소설가)

재봉틀 앞에서 열린
첫 가능성

"재봉틀 앞에서 시작된 그 작은 감각이,
내 인생 전체를 꿰매기 시작했다"

재봉틀 앞에서 시작된
새로운 감각

1982년 봄, 나는 종로2가 일본어 학원을 찾아가던 길에 우연히 '복장학원' 간판을 마주했다. 무심코 문을 열고 들어갔고, 그 순간은 내 인생의 전환점이 되었다.

"저, 이런 사람인데요. 뭐부터 배우면 되나요?" 하고 물었다. 그게 전부였다.

그때 원장은 나를 유심히 바라보다가 놀란 듯 말했다. "대학생이 우리 학원에 오는 경우는 거의 없어요. 게다가 여대생이라니… 참 드문 일이네요"

그 말은 단지 개인적인 반응이 아니었다. 당시 사회 분위기 전체를 응축한 한 문장이었다. 내가 그 공간에 나타났다는 사실만으로도 사람들은 놀랐다. 그러나 나는 그 반응을 불편하게 받아들이지 않았다. 오히려 더 알고 싶고, 더 배우고 싶은 마음이 커졌다. 낯선 공간이었지만, 어쩐지 나를 기다리고 있던 곳 같았다.

봉제는 기술이 아니라
나의 가능성이었다

1980년대 초, 대학 진학률은 지금처럼 높지 않았다. 1980년 기준 전체 대학 진학률은 약 30.3%, 여성의 경우 그보다 더 낮은 15.4%에 불과했다. 고등교육을 받는 것 자체가 선택받은 소수의 일이었고, 특히 여성에게는 더 많은 제약이 따랐다.

그런 시대에 서울의 여대생이 복장학원을 찾아가는 일은 거의 없었다. 봉제나 복장은 '기술직'으로 분류되던 블루칼라 영역이었다. 고졸이나 중졸 여성들이 기능을 익히는 실용교육기관이었고, 대학생은 물론 특히 여대생은 좀처럼 발을 들이지 않았다.

그러나 나에겐 계급도, 전공도 중요하지 않았다. 그저 배우고 싶었다. 뭔가를 내 손으로 만들고 싶었다. 그리고 나는 그 세계에 단숨에 빠져들었다.

그 시절,
여성이 대학에 간다는 것

내가 복장학원에 들어섰을 때, 원장이 놀란 표정을 지었던 이유는 단순한 개인적 반응이 아니었다. 그것은 그 시대 전체의 구조였다.

- 1980년대 초, 여성의 대학 진학률은 15.4%에 불과했다. 남성(45.2%)과 비교하면 현격한 차이였다.
- 1970년 여성 진학률은 2.5%에 불과했고, 1990년이 되어서야 27.0%로 오른다.
- 2020년에는 여성 진학률이 76.4%로 상승하여, 남성(70.1%)을 넘어섰다.

이러한 수치는 단지 교육 통계가 아니다. 그것은 한 시대의 성별 역할과 기회의 불균형을 드러내는 지표였다. 지금은 당연한 선택처럼 보이는 대학 진학이, 그때는 계급과 성별의 벽을 넘어선 도전이었다.

"내가 재봉틀을 배우러 학원에 들어섰을 때, 원장은 놀란 얼굴로 말했다. '대학생이, 그것도 여대생이 여긴 왜 왔어요?' 그 말이, 그 시절의 구조였다"

[표1] 대학 진학률 및 진학자 수 추이 (1960~2020)

연도	전체 진학률 (%)	전체 진학자 수 (천 명)	여성 진학률 (%)	여성 진학자 수 (천 명)	고졸 인구 (18세 기준, 천 명)
1960	6.1%	-	1.5%	-	-
1970	7.2%	50.0	2.5%	17.4	695
1980	30.3%	258.2	15.4%	131.2	852
1990	33.2%	308.4	27.0%	250.8	929
2000	59.8%	405.4	58.2%	394.6	678
2010	71.3%	448.5	72.5%	456.0	629
2020	73.7%	336.1	76.4%	348.4	456

* 진학률 기준은 고등학교 졸업자 대비 2년제·4년제 대학 진학자 비율
* 1960년의 수치는 추정치이며, 진학자 수 및 고졸 인구는 일부 미확정 상태로 공란 처리함.

출처: 교육부 KESS 통계서비스, 통계청 인구총조사

가정집 재봉틀에서 시작된
작은 갈망

사실 그 갈망은 조금 더 일찍 시작되었다. 대학 1학년 겨울방학, 시골 친척 집에서 언니가 가정용 재봉틀로 무언가를 만들고 있는 장면을 보았다.

그 모습이 유난히 인상 깊었다. 뚝딱뚝딱 손으로 무언가를 만들어내는 행위, 나는 그때 처음으로 '해보고 싶다'는 충동을 느꼈다. 그 단순한 호기심이 '복장학원'이라는 문을 열게 했고, 그 문은 내 인생 전체를 바꾸었다.

작은 소리 하나가
내 인생을 바꿨다

첫 수업 날, 재봉틀 앞에 앉았을 때의 기억은 지금도 생생하다. 실이 꼬이고 바늘이 빗나가기도 했지만, 그 낯선 소리와 손끝의 긴장은 흥분이 되었다.

'이건 내가 몰랐던 나의 세계다'

나는 멈추지 않았다. 매일 출석했고, 기술은 빠르게 몸에 익었다. 실습실의 공기, 재단된 천의 감촉, 완성된 옷의 형태―그 모든 것이 나를 사로잡았다.

그건 단지 기술이 아니었다. 내 손으로 세상을 재구성하는 창조의 시작이었다.

패션은 감각이 아니라
존재를 증명하는 방식

그 선택은 단지 진로의 방향을 바꾼 것이 아니라, 내 정체성과 삶의 태도까지 바꾸어 놓았다. '만든다'는 것은 단순한 행위가 아니라, 자기 세계를 표현하는 일이었다.

나는 '패션'을 유행이나 트렌드가 아니라, 인간의 존재를 입히는 언어로 이해하게 되었다.

지금도 그때의 재봉틀 소리가 기억난다. 그건 내 인생의 첫 신호음이었다. 기술이 아닌 감각, 직업이 아닌 정체성, 진로가 아닌 삶. 그 모든 전환이, 복장학원 재봉틀 앞에서 시작되었다.

역사학도의 눈으로 본
의복과 인간

"옷은 몸을 가리는 것이 아니라,
시대를 드러내는 또 하나의 언어였다"

인류의 흔적에서
의복의 언어로

나는 원래 고고학자를 꿈꾸던 역사학도였다. 유물과 유적, 시간의 흔적 속에서 인간의 이야기를 읽고 싶었다. 대학교 1학년 때는 '인류문화사', '동양사개론', '고고학입문' 같은 강의를 들으며, 과거의 사건이 인간의 삶과 문화를 어떻게 형성했는가를 관찰하는 데 깊은 흥미를 느꼈다.

그러던 중, 어느 순간 깨달았다. 의복 역시 인간의 역사와 문화가 응축된 하나의 '기록'이 아닐까?

복식은 단지 몸을 가리는 기능이 아니었다. 그것은 신분을 구분하고, 시대를 표현하며, 문화를 입는 행위였다. 조선 시대 왕의 곤룡포, 유럽 중세 귀족의 갑옷, 고대 이집트의 리넨 치마는 단순한 옷이 아니라 권력과 계급, 질서를 드러내는 언어였다.

옷은 시대의
감정을 입는다

나는 옷을 보며 시대를 상상했다. 청바지가 금기였던 시대, 미니스커트가 저항의 상징이었던 시대, 복식은 늘 인간과 권력, 감정, 이상을 품고 있었다.

'옷은 인간이 입는 첫 번째 시대적 감정'이라는 생각이 점점 확신으로 자리 잡았다.

그 질문에 대한 답을 찾고 싶어, 나는 결국 이화여대 의류직물학과 강의실에 앉게 되었다.

학문과 감성의 거리,
그리고 복장학원으로의 회귀

하지만 그곳에서 내가 마주한 것은, 내가 상상했던 '패션(Fashion)'이 아니었다.

나는 유행의 흐름, 스타일의 미학, 소비자의 감성을 배우고 싶었다. 그러나 그 강의실에서 펼쳐진 것은 '의복(Clothing)'의 과학이었다.

직물의 물성, 화학섬유의 구조, 세탁을 위한 세제 성분 분석, 생활환경에 따른 소비자 행동 연구⋯ 그곳은 실험과 수치로 옷을 설명하는 이과적 언어의 세계였고, 나는 감성과 이야기를 좇는 문과생이었다.

한 수업에서는 "20회 세탁 후 수축률과 변형률을 측정하라"는 과제를 받았다. 나는 런웨이의 컬렉션을 상상하며 강의실에 들어섰지만, 그곳에서는 현미경 아래 섬유를 들여다보며 실험 보고서를 쓰고 있었다.

지금 돌아보면, 이러한 기술적 이해는 산업현장에서는 핵심적인 자산이다. 제품의 품질을 높이고, 지속 가능성을 확보하며, 새로운 소재를 개발하기 위해서는 반드시 필요한 분야다. 그러나 그때의 내게 있어 옷은 과학이 아닌 문화였고, 공정이 아니라 감정이었다.

그래서 나는 복장학원으로 다시 발길을 돌렸다. 그곳에는 실험실 대신 재봉틀이 있었고, 현미경 대신 손끝의 감각이 있었으며, 공식 대신 감성이 살아 있었다.

내가 찾고 싶었던 것은 결국, 사람과 옷이 만나는 '살아 있는 접점'이었다.

사람을 읽는 디자인

나는 단순히 옷을 만드는 기술자가 되고 싶지 않았다. 내가 지향한 디자이너는, 사람을 이해하고 시대의 흐름을 읽으며, 그 안에 스며든 감정과 욕망을 직조하는 존재였다. 디자인은 그 모든 것을 시각적으로 구현하는 하나의 언어였다.

"디자인은 인간의 삶과 감정을 표현하는 시각적 언어이자, 사람과 시대를 연결하는 매개체다"

이러한 인문학적 시선 덕분에, 나는 패션을 단순한 산업이 아닌 사람과 시대를 읽는 텍스트로 바라보게 되었다. 그래서 나는 늘 스스로에게 질문했다. "왜 지금 이 디자인이 필요한가?", "이 디자인은 사회와 어떤 관계를 맺고 있는가?"

이 질문들은 단지 학생 시절의 호기심에 그치지 않았다. 그 이후 40년 동안 나의 커리어를 관통한, 철학이자 실천의 기준이었다.

나는 디자이너이기 이전에 '생각하는 사람'이고자 했다. 그리고 그 태도는 디자인이 산업을 넘어 사람을 향하는 언어가 되도록 이끌어 주는 원동력이 되어주었다.

샤넬보다 먼저 온 직조의 기억
— 가족과 산업의 교차점

"기억은 직물처럼 짜여 있었다. 기계음과 감촉,
감정과 시대가 실처럼 얽혀 내 삶의 패턴이 되었다"

대구에서 시작된
무의식의 기억

나는 원래 패션과는 거리가 먼 삶을 살아왔다. 책과 사색을 즐기던 나는, 고대 문명과 철학, 인간의 흔적을 탐구하는 데 더 큰 흥미를 느꼈다. 패션보다는 도서관과 박물관을 오가며 과거의 이야기를 수집하던 인문학도였다. 미래의 나는 고고학자가 되어 대학에서 강의하는 교수가 될 줄 알았다. 그게 내가 세운 삶의 계획이었다.

하지만 지금 돌아보면, 어쩌면 그 운명의 실은 이미 아주 오래전부터 이어지고 있었는지도 모른다.

우리 가족은 대구에서 직물 제조업에 종사했다. 가족 모두가 기계음과 직조의 삶을 살아왔다. 나도 서울로 유학을 오기 전까지, 20년 동안 수백 명이 일하는 공장에서 기계 돌아가는 소리와 원단들이 쌓여 있는 풍경을 자연스럽게 경험했다.

그것은 나의 일상이었지만, 이상하게도 나는 그곳에서 '직업'을 꿈꾸진 않았다. '이 삶은 나와는 조금 다른 세계'라고, 그때는 그렇게 생각했다. 나는 인문학을 좋아하는 여자대학생으로서 다른 길을 가리라 생각했었다.

몸으로 먼저 배운
고급 옷의 감각

그런 내가, 내가 처음 '패션'을 '옷'이 아닌 '문화'로 느꼈던 건 1981년 봄이었다.

그해 3월 1일, 나는 교복을 벗고 이화여대 새내기가 되었다. 서울의 중심, 한국 엘리트 여성의 상징이던 이화여대 캠퍼스를 걷는다는 건 단지 대학에 입학한 것 이상이었다. 그건 시대와 문화의 정점에서 '나'를 새롭게 재정의하는 경험이었다.

그 시절, 이화여대 캠퍼스를 걷는 여학생들은 대부분 단정한 블라우스와 A라인 스커트, 혹은 백화점에서 구입한 수입 니트와 데님을 입고 있었다. 그들의 옷차림은 단지 멋을 내기 위한 것이 아니라, 당시 사회가 요구하던 여성상—지적이고 단정하며 절제된—을 반영하고 있었다. 단정함과 교양, 그리고 시대의 이상적인 여성상을 표현하는 방식으로서의 복식은, 캠퍼스 전체에 하나의 미학을 형성하고 있었다.

하지만 나는 조금 특별한 옷을 입고 있었다. 대구에서 직물 회사를 운영하던 가족 덕분에 자연스럽게 이태리 보따리상이 들여온 '샤넬', '아르마니', '발렌티노'와 같은 고급 의류를 접할 수 있었다.

당시 그 옷들은 밀수품으로 불릴 만큼 귀했고, 명품은커녕 외국 브랜드조차 낯설던 시대였다. 그러나 나는 그 옷들의 원단 질감, 단추의 무게, 봉제의 마감, 실루엣의 품격을 몸으로 먼저 느낄 수 있었다.

지금도 내 옷장에는 당시 입었던 원피스 한 벌이 남아 있다. 색은 조금 바랬지만, 원단은 아직도 우아하고 재봉은 단단하다. 그 옷이 내게 알려준 건 단순한 '멋'이 아니라, 소리 없이 시대를 말하는 언어였다. '패션이란 한 시대를 품은 언어'라는 이 깨달음은 이후 내 커리어 전체를 이끈 핵심 문장이 되었고, 지금도 나의 디자인 철학을 설명하는 대표적인 표현으로 자리 잡고 있다. 패션이란 한 시대를 품은 언어라는 사실이었다.

나의 이 경험이 복장학원으로 이끄는 실마리가 되었고, 이후 내 인생의 방향을 송두리째 바꾸는 계기가 되었다.

패션은 문화라는
직관의 시작

    그 경험은 단순한 '멋'이나 '유행'으로서의 패션이 아니라, 시대를 품은 문화적 언어로서의 패션에 대한 직관을 일깨워 주었다. '패션은 단지 멋이 아니라 한 시대를 품은 언어'라는 그 깨달음은 내 내면에서 강하게 울려 퍼졌고, 이후의 삶과 사고방식을 전환시키는 시발점이 되었다.

 산업과 문화, 기술과 감성이 교차하는 이 접점에서 나는 인문학도로서 옷을 '읽기' 시작했고, 생활인으로서 옷을 '느끼기' 시작했다. 과거에는 책 속에서 시대를 탐색했다면, 이제는 옷이라는 실체를 통해 시대를 체감하게 된 것이다. 나에게 디자인은 그 시대를 시각화하는 창이자, 감정과 가치가 응축된 상징이 되었다.

 복장학원에서의 실습은 이 깨달음을 더욱 구체화시켜 주었다. 매일같이 재단을 하고, 바느질을 하며, 패턴을 그리던 시간 속에서 나는 옷이 단순히 실용적인 물건이 아니라는 사실을 체득했다. 원단의 흐름, 바느질 선의 곡률, 입었을 때 느껴지는 무게감은 모두 감각의 언어였다.

 그 언어는 한 개인의 취향만을 반영하는 것이 아니었다. 계절과 유행, 사회적 요구와 감정, 계급과 정체성―이 모든 것이 옷을 통해 표현되고 있었다. 옷은 일상의 수단이자 시대의 증언이었고, 소비의 대상이자 철학의 대상이기도 했다. 나는 옷을 통해 감정을 느꼈고, 이론을 넘어선 통찰을 얻었다.

　그때부터였다. 내게 패션은 실용을 넘어선 사고의 영역이 되었고, 감각은 곧 사유의 출발점이 되었다. 이 깨달음은 이후 패션을 바라보는 내 모든 태도의 근간이 되었고, '생각하는 디자이너'로 살아가기 위한 중요한 인식적 전환점이 되었다.

그 기억이 나를
유학으로 이끌었다

　　　　복장학원에서 봉제와 패턴을 익히며, 나는 처음으로 패션이라는 삶을 진지하게 받아들이기 시작했다. 그동안 감상하고 관찰하던 옷의 세계가 이제 손끝의 노동과 땀으로 구체화되기 시작했고, 디자인은 나의 철학과 정체성을 담을 수 있는 그릇이 되었다. 고급 옷의 감각은 내게 예술적 영감을 주었고, 공장에서 체득한 원단과 기계의 기억은 나를 현실 위에 단단히 붙잡아 주었다.

　그러나 더 많은 것을 보고 배우고 싶다는 갈망은 점점 커져갔다. 당시 국내 교육은 기초와 실기에 충실했지만, 세계적 흐름과 이론, 예술적 감각이 결합된 보다 심화된 교육 환경을 찾기에는 한계가 있었다. 나는 패션을 단지 옷을 만드는 기술이 아닌, 문화와 사회를 읽는 도구로서 더 깊이 이해하고 싶었다.

　결국, 나는 해외 유학을 결심했다. 하지만 그것은 어느 날 갑작스

레 정한 전환점이 아니었다. 오히려 그것은 어릴 적부터 무의식 속에 짜여온 기억의 연장이었다. 어릴 적 공장에서 들리던 반복적인 기계음, 천의 감촉을 손끝으로 기억하던 내 몸의 반응, 그리고 복장학원에서 옷을 직접 만들며 느낀 감각과 철학의 교차점이 하나의 방향을 가리키고 있었던 것이다.

  이 모든 기억이 나를 밀라노로 이끌었다. 이제 그 기계음은 밀라노의 디자인 스튜디오 안에서 새로운 언어로 울릴 준비를 마친 셈이었다.

  내 손끝에서 다시 짜일 삶의 패턴은 이제 한국이 아닌 세계를 무대로 펼쳐질 것이었다.

나는 어디서 디자인을 배웠는가
— 1980년대 패션 교육의 지형도 위에서

"나는 고고학자가 되려 했지만,
인류의 흔적을 옷에서 찾고 싶어졌다.
바늘과 천으로 시대를 꿰매는 사람이 되고 싶었다"

세 가지 배움터,
그리고 내 손으로 그린 지도

내 디자인 교육은 3개의 공간을 오가며 설계한 결과물이었다. 이화여대 가정대학에서는 의복의 과학과 소비자 심리, 텍스타일 구조 같은 학문적 기초를 쌓았고, 복장학원에서는 봉제와 패턴, 한복 구성 등 실기 기반의 기술을 익혔다. 이론은 논리였고 실기는 감각이었다. 내공이 생겼고, 내 눈이 달라졌다.

그러나 나는 거기서 멈추지 않았다. 항상 집중력이 강했던 나는 체계적인 전문 패션 교육을 받고 싶었다. 그래서 나는 더 좋은 배움터를 찾아 남산 언덕으로 향했다. 학문적 깊이, 감각적 훈련, 실무 중심의 기획력을 갖춘 나만의 커리큘럼을 원했다. 정해진 교육과정을 따르기보다는, 나는 나만의 경로를 설계하는 디자이너가 되고 싶었다.

국제패션디자인연구원에서 언어를 얻다

1985년 3월, 대학 졸업과 동시에 나는 국제패션디자인연구원에 입학했다. 한국 1세대 디자이너였던 최경자 이사장이 설립한 이곳은 국내 최초의 패션 전문 교육기관이었고, 앙드레김, 이상봉, 이영희 등 선배 디자이너들이 거쳐 간 전설의 요람이었다.

이곳에서 나는 패션 일러스트레이션, 모델링, 스타일링, 디자인 기획, 포트폴리오 제작 수업 등을 통해 디자인을 단지 '만드는 것'이 아닌 '보여주고 말하는 것'으로 익혔다. 아침 9시부터 저녁 5시까지, 계절을 잊은 채 배움에 몰두했던 그 시간은 내게 있어 '디자인이 내 언어가 되는 과정'이었다. 나는 드디어 말할 수 있었다. 옷이라는 언어로, 시대와 감정을 해석하고 표현하는 법을.

당시 이 연구원은 입시 준비를 위한 학원과는 달랐다. 디자인 기획과 표현을 중시했고, 실무 중심의 수업과 프레젠테이션 훈련을 강조했다. 한 학기 동안 만든 포트폴리오에는 디자인 스토리, 소재 분석, 소비자 타깃 설정, 스타일링 제안, 마케팅 계획까지 담겼다. 단순히 옷을 만드는 것을 넘어, 옷을 설명하고 전략을 설계하는 일이 시작된 것이다.

제도의 틀 너머에서
길을 그리다

1980년대 서울은 아직 디자인 교육의 틀이 명확히 정립되지 않은 시기였다. 대학은 이론 위주였고, 학원은 기술에 치우쳤으며, 실무와 창의의 균형을 갖춘 교육기관은 드물었다. 나는 대학, 학원, 연구소라는 세 공간을 넘나들며 각기 다른 학습의 언어를 체득했다. 그 각각의 배움은 상이한 기준과 목적을 가졌지만, 나는 그것들을 통합하여 스스로의 교육 지도를 다시 그려야 했다.

복식구성론과 텍스타일, 소비자 심리를 배우던 대학 시절은 사고의 틀을 주었고, 복장학원의 바늘과 패턴, 재봉틀은 감각의 토대를 제공했다. 연구소에서는 디자인을 보여주고 전달하는 언어를 배우며 '패션을 기획하는 사람'으로 성장하기 시작했다. 나는 그 과정 속에서 점점 나만의 '패션 언어 체계'를 정립해 갔다.

그때 나는 알았다. 디자인 교육은 정해진 코스가 아니라 설계의 문제라는 것을. 대학, 학원, 연구소라는 세 공간을 넘나들며 그린 교육의 지도는 결국 내 삶과 커리어의 출발점이 되었다.

"나는 정답을 배우지 않았다. 나만의 지도를 직접 그려나갔다"

[표2] 1980년 당시 패션교육기관 형태 및 특성

구분	정규대학 (학문)	사설복장학원 (기술)	디자인연구소 (창의/디자인)
대표기관	이화여대의류학과 서울대생활과학대 의류학과	시대복장학원 국제복장학원	국제패션디자인연구원
설립시기	1955~1975년	1970~1980년대	1984년경
교육목표	의류이론연구, 소비자 및 소재 중심 분석	기능사 자격증, 취업 및 실무기술 습득	포트폴리오 제작, 유학 준비, 디자인사고 확장
주요 커리큘럼	의복재료학, 피복환경학, 소비자행동, 복식사, 패션마케팅	봉제, 재단, 양장기능사 대비, 한복구성, 자수	패션기획, 컬러&일러스트, 모델링, 디자인실습
교육방식	이론 중심, 실험실 수업 병행	실습 중심, 기능 위주의 수업	창의력 중심, 개별프로젝트 중심
졸업 후 경로	의류산업연구원, 섬유기업, 유통, 대학원 진학	양장점 운영, 봉제·패턴사, 생산직 디자이너	국내외 패션유학, 디자이너 브랜드 론칭

왜 미국이 아니었는가, 그리고 왜 밀라노였는가

더 나은 배움터를 찾던 나는 미국 뉴욕의 패션스쿨 유학을 준비하고 있었다. FIT, 파슨스 같은 유명한 학교들은 당시에도 유망한 디자이너들이 몰려드는 곳이었다. 그러나 내겐 여전히 부족한 것이 있었다. 나는 패션을 단지 유행의 산업으로 배우기보다는, 그 안의 문화와 장인정신, 유럽식 미학을 체득하고 싶었다.

그러던 중, 대한민국 패션경진대회에서 최우수상을 수상했고, 그 부상으로 이탈리아 밀라노의 마랑고니 패션스쿨 입학 기회가 주어졌다. 고민은 길지 않았다. 나는 결심했다. 조르지오 아르마니처럼, 발렌티노처럼 세계 무대에서 디자인을 말할 수 있는 사람이 되겠노라고.

그 결심은 단순한 진로가 아니라, 내 삶 전체가 향하는 방향이었다. 지금 돌아보면, 모든 것은 하나의 실타래에서 시작됐다. 그 실타래는 손끝으로 이어졌고, 머리로 이어졌고, 마음으로 이어졌다. 그리고 결국, 나를 밀라노로 이끌었다.

● 1985년, 대한민국 패션경진대회에서 최우수상을 수상하던 순간. 막 스무 살을 넘긴 학생 디자이너였고, 이 무대가 본격적으로 패션의 길로 들어서는 첫 관문이 되었다.

여권을 손에 쥐기까지
— 여성의 조건과 제도의 벽

"장벽 앞에서 나는 방향을 바꾼 것이 아니라,
길을 새로 냈다"

제도 앞에서 멈추지 않은 열정

1980년대 한국에서 여성의 해외유학은 단순한 '학업의 연장'이 아니었다. 그것은 사회적 편견과 제도적 장벽을 뛰어넘는 용기와 결단의 여정이었다. 그리고 나는 바로 그 길을 걸어간 한 사람이었다.

그 시절, 대한민국은 여전히 해외여행에 엄격한 제한을 두고 있었다. 1989년 이전까지는 일반 국민의 자유여행조차 허용되지 않았고, 특히 여성의 경우는 개인적인 사유로 출국하는 일이 매우 까다로웠다. 여권을 발급받기 위해서는 부모나 남편의 동의서가 필요했고, 미혼 여성은 반드시 가족의 승인이 있어야 했다.

게다가 예체능 계열은 정부의 유학 지원 정책에서도 소외되어 있었다. 공대, 자연과학, 의학 등 '산업 성장'과 직결된 기술인력 분야 위주로만 장학금과 국비유학이 배정되었고, 패션처럼 '사적인 취향'으로 여겨지는 분야는 지원 대상이 되지 못했다. 나처럼 젊은 여성이 패션을 전공하겠다고 해외 유학을 준비하는 건, 당시 사회적 인식으로는 무모하거나 비현실적인 일처럼 여겨졌다.

그러나 나는 결심했다.

"밀라노로 가겠다. 패션을 배우겠다"

우회로를 찾는
기획형 인간

때마침 마랑고니 창립자의 아들인 파비오 마랑고니 부학장 부부가 한국을 방문한다는 소식을 들었다. 나는 내가 다니던 국제패션디자인연구원 최경자 이사장님의 면담 자리에 배석했고, 우리 가족이 장소와 식사를 준비했다. 이 자리에서 나는 직접 만든 포트폴리오를 들고 내 열정을 쏟아부었고, 부학장은 내 적극성과 집중력에 감탄했다. 그는 밀라노에 도착하면 수업을 바로 시작할 수 있게 하겠다고 약속했다.

하지만 더 큰 문제는 여권이었다. 당시 여성 단독 유학은 불가했고, 비자 발급도 사실상 불가능했다. 나는 가족 회사의 무역부서에 취업한 후, 해외 출장을 기회로 삼아 단수여권을 어렵게 손에 넣었다. 이 모든 것은 단지 유학을 위한 일이 아니라, 내 삶의 방향을 지키기 위한 전략이었다.

나는 생각 없는 도전가는 아니었다. 오히려 누구보다 치밀한 기획형 인간이었다. 방향이 정해지면 속도감 있게 실행했다. 3일 만에 석사 논문을 완성했던 집중력, 현장에서 문제를 우회하는 설계력은 이미 이때부터 나의 '도전 DNA'로 작동되고 있었다.

그 시대의 벽은
구체적이었다

정부는 1982년경부터 '전문기술인력 해외유학 장려 정책'을 내세웠지만, 예체능 계열의 여성 유학생에게 돌아오는 혜택은 거의 없었다. 유학 지원은 대부분 남성 중심의 공공기관 파견이나 군 복무 대체 등의 성격을 띠고 있었고, 여성은 제도적 장치의 수혜자가 아닌 배제된 존재였다.

당시 나는 사설 디자인 교육기관에서 포트폴리오를 완성하고, 가족의 지지를 이끌어 내며, 직접 해외 학교 부학장과의 연결 기회를 설계하는 등 모든 것을 스스로 준비했다. 여성이라는 이유로, 패션이라는 이유로, 제도의 중심부에서 멀어진 나에게 필요한 건 오직 하나— '나만의 길을 설계할 전략'이었다.

 1986년 2월 10일, 나는 마침내 밀라노행 비행기에 올랐다. 그리고 그해 4월 1일부터 마랑고니 수업에 참여할 수 있었다. 돌이켜 보면, 이 모든 선택과 실행은 나 혼자의 힘이 아니었다. 나에게 도전과 결단의 DNA를 준 어머니, 그리고 가족의 전폭적인 지지가 있었기에 가능했다.

 '여성에게 유학은 불가능하다'는 시대의 편견 앞에서, 나는 단지 패션을 배우고 싶었던 것이 아니라, '내 길을 내가 선택하고 싶었던' 것이었다. 그때 여권을 손에 쥐었던 순간, 나는 단지 종이 한 장이 아니라, 나 자신을 세상과 연결하는 열쇠 하나를 손에 쥐었다고 믿는다.

"당시 여권은 단지 여행 허가증이 아니었다. 나라는 존재가 어디까지 갈 수 있는지를 증명하는 하나의 선언이었다"

[표3] 해외유학생 연도별 추이 (1960~2020)

연도	전체 해외유학생 수 (명)	전체 여성유학생 수	여성유학생 비중(%)	19세 이상 추정유학생 수 (명)	19세 이상 여성유학생 수 (추정)
1960	150	30	20%	147	29
1970	800	200	25%	760	190
1980	8,000	2,160	27%	7,440	2,008
1990	19,000	5,700	30%	17,100	5,130
2000	105,000	36,750	35%	84,000	29,400
2010	210,000	84,000	40%	147,000	58,799
2020	171,802	71,820	42%	111,150	46,683

* 해당 수치는 UNESCO UIS, 외교부 통계, 교육부 KESS 등을 바탕으로 구성된 보수적 추정 수치임
* 전체 해외 유학생 수는 연령구분 없이, 유학비자소지자(학생비자 등) 기준으로 '정부통계 및 외교부, 유학재단, 국제교육통계(UNESCOUIS 등)'에서 제공한 모든 유학생 수치를 포함

밀라노,
낯선 세계에 발을 딛다

"용기란 준비가 끝난 후에 오는 것이 아니라,
모르는 세계에 발을 디디는 바로 그 순간에 생긴다"

새로운 도시,
아날로그 방식의 적응기

1986년 2월, 나는 마침내 밀라노에 도착했다. 하지만 도착했다고 해서 모든 것이 풀리는 건 아니었다. 오히려 진짜 고비는 그때부터였다.

이탈리아 유학은 흔한 선택지가 아니었다. 미국이나 일본이 유학지의 주류였고, 이탈리아는 극소수 예술 전공자들만이 선택하는 나라였다. 국내에는 이탈리아어를 배울 곳도 거의 없었고, 학교 정보, 입학 절차, 비자 시스템에 대한 안내도 없었다. 그야말로 모든 것이 닫힌 세계였다.

그 당시 이탈리아는 한국과의 외교 및 문화 교류가 활발하지 않았고, 유학생 수도 극히 적었다. 한국인은 몇몇 유학생과 교민 가정, 무역업에 종사하는 일부 인원에 불과했으며, 밀라노 내에서 한국어를 쓰는 사람을 찾는 일은 거의 불가능했다. 통역도, 한글 안내도 없었다.

나는 단지 영어·이탈리아어·한국어가 병기된 '한·영·이 사전' 하나와 한인 교회 커뮤니티의 도움으로 낯선 나라 밀라노에 도착했고, 그 도시에서 언어를 익히고 수업을 준비하며 나만의 루트를 개척해 갔다.

밀라노 관광지에 놀러 온 일본인들이 일본어 안내 지도를 펼쳐보며 레오나르도 다빈치의 명화 〈최후의 만찬〉을 찾아갈 때, 나는 그 도시 한복판에서 살고 있으면서도 한국어는 물론 영어로 된 정보조차 부족해 지도를 펼쳐볼 수도 없었다. 내가 잠시 일했던 디자인 스튜디오는 그 유명한 산타 마리아 델레 그라치에 성당 근처였지만, 그곳에 〈최후의 만찬〉이 있다는 사실조차 나중에야 알게 되었고, 지금까지도 그 작품을 직접 본 적이 없다. 관광객이 너무 많아 들어갈 엄두도 나지 않았고, 무엇보다 그 도시가 나에게는 여전히 해독이 어려운 텍스트처럼 느껴졌기 때문이다. 도착 이후 1년 반 동안, 나는 그 도시의 지리를 익히고, 길을 찾고, 문화를 이해하고, 나 자신을 설명하며 살아내야 했다.

그 시절 한국은 세계 속에서 아직 설명되지 않은 나라였고, '나는 한국에서 왔다'는 말조차 상세한 해명이 필요한 시기였다. 밀라노에서의 삶은 단순한 유학이 아니라, 매일매일 그 도시를 해석하고 나를 증명해 내는 과정이었다.

두 번째 '1일', 삶의 방향이 선명해지다

그 '모든 것이 불안한' 2개월을 나는 오직 수업 시작일만 바라보며 살아냈다. 그게 4월 1일이었다. 내 인생의 거대한 장면이 바뀌는, 두 번째 1일이었다.

그 시절, 여성이 해외유학을 결심한다는 것은 단순한 개인의 선택이 아니었다. 그것은 한 사람의 삶 전체를 바꾸는 도전이었고, 때로는 가족, 제도, 사회 전체를 설득해 가며 이뤄내는 일이었다. 내가 밀라노행 여권을 손에 쥐었던 그날, 나는 단지 나라를 떠나는 것이 아니라, 나 자신이 되는 길로 나아가고 있었다.

그리고 오늘, 나는 말하고 싶다. 그 시절의 여성들이 보여준 도전이 있었기에 지금의 자유로운 선택과 연결이 가능했다는 것을. 내가 걸었던 그 길이 누군가의 지도 위에 실선으로 남기를 바란다.

| 2장 |

밀라노에서 길을 찾다

패션하우스, 훈련소, 그리고 디자이너로의 성장

"성공이란 단지 도달하는 것이 아니라,
거기에 도달하기까지의 과정에서 자신을 증명하는 것이다"
조르지오 아르마니(Giorgio Armani, 이탈리아 패션 디자이너)

마랑고니
디자인 학교에서의 배움

"그림 뒤에 철학이 있고, 봉제 뒤에 역사가 있고,
실루엣 뒤에 문화가 있어. 그게 바로 유순의 언어야"

정답이 없는 질문 앞에서:
사고를 훈련받다

1986년, 나는 이탈리아 밀라노의 마랑고니 디자인 스쿨(Istituto Marangoni)에서 새로운 배움의 장을 열었다. 이 학교는 1935년 설립된 유서 깊은 사립 교육기관으로, 패션과 디자인, 예술 분야에서 세계적으로 명성을 얻고 있었다. 밀라노 본교를 중심으로 런던, 파리, 상하이, 마이애미 등 전 세계에 캠퍼스를 운영하며, 4만 명 이상의 졸업생을 배출한 이 학교는 현장 중심의 실무교육을 제공하는 것으로 유명했다.

아르마니, 돌체앤가바나, 모스키노와 같은 패션하우스를 꿈꾸는 학생들 사이에서, 나는 낯선 언어와 문화, 창의성이라는 새로운 질서를 마주했다. 강의실에는 재봉틀 대신 크레용과 스케치북이 놓여 있었고, 교수는 질문이 아닌 상상을 요구했다. '정답이 없는 질문'이었다. "당신의 디자인은 무엇을 말하고 있는가?" 교수는 반복해서 물었다. 처음 몇 주간 나는 대답할 수 없었다.

한국식 '정답 맞히기' 교육에 익숙했던 나는, 상상력과 감성으로 말하는 수업에 당황했다. 학생들은 저마다의 감성과 언어로 디자인을 해석하고 표현했다. 특히 디자인을 통해 '스토리'를 말해야 했다. 소재 하나, 단추 하나에도 서사가 있어야 했다.

"유순, 당신은 기획과 구조에 강하군요. 그걸 '자신의 언어'로 만들 수 있다면 훨씬 강해질 거예요"

이 말은 나에게 용기를 주었다. 나는 단지 '예쁜 옷'을 만드는 것이 아니라, 나의 사고방식, 내가 살아온 사회, 내가 바라본 여성의 삶을 옷에 담기로 했다. 내 디자인은 이제 기능이 아니라 메시지를 품고 있었다. 그게 바로, 내가 만들어 낸 첫 번째 언어였다.

'꿈꾸는 디자이너'가 아니라, '현실화하는 디자이너'로

나는 정규 과정에서 패션 일러스트를 배운 적은 없었다. 하지만 국제패션디자인연구원에서 보낸 지난 1년 동안, 패션 전문지인 《보그(VOGUE)》 한 권을 통째로 '그렸다'. 표지부터 맨 뒤 페이지까지. 모델이 입은 옷 하나하나를 인체 드로잉으로, 움직이는 사람의 형태로, 빠르게, 생생하게 스케치했다. 채색까지 포함해서, 하나의 피규어를 5분에서 10분 안에 완성했다. 여기서 '피규어(Figure)'란 단순한 인체 드로잉이 아니라, 패션 일러스트의 기본 단위로, 옷을 입은 사람의 실루엣과 움직임, 감정까지 포착해 내는 표현 수단이었다.

그 작업 속에서 나는 '옷이 움직이는 구조'를 이해했고, '원단이 빛을 머금는 방식'을 눈으로 익혔다. 지금 돌아보면, 그건 기술이 아니라 훈련된 직관이었다.

유학 전 한국에서 만난 마랑고니 부학장 부부가 그 포트폴리오를 보고는, "이건 단순한 재능이 아니라, 태도다"라는 말을 남겼다. 나는 그때 깨달았다. '패션이란, 내가 살아온 문화와 감각을 입히는 일'이라는 것을.

졸업 프로젝트에서는 30점 만점에 29점을 받았다. 밀라노라는 낯선 무대에서 나는 단지 생존한 것이 아니라, 나만의 방식으로 성장하고 있었다. 20대 중반에 패션을 시작한 나는 늘 무언가를 분석하고 기획하며, 자유로운 상상력보다는 치밀한 계획으로 창의적인 아이디어를 현실화했다.

국제패션디자인연구원에서 수백 장의 일러스트를 그리며 쌓은 감각과 봉제를 통해 익힌 옷의 구조 이해는 나의 실력과 기획력에 강력한 기반이 되었다. 나는 서양 학생들의 폭발적 상상력을 '패션 기획서'로 구조화했고, 그 기획력은 교수들의 감탄을 자아냈다.

나는 '창의적인 디자이너'는 아니지만, '창의의 실현자'였다. 상상을 실현 가능하게 만드는 힘, 이야기를 구조로 바꾸는 힘, 그리고 디자인을 시간과 예산, 고객이라는 현실에 맞추는 감각을 갖고 있었다. 이 감각은 훗날 내가 5년간 근무했던 프로제티 카우텐(Progetti Kauten)에서 수석 디자이너로 인정받게 된 기반이었다.

"유순은 디자인을 설명하는 사람이 아니라, 디자인으로 말을 거는 사람이야"

디자인 교육의 지형 속에서
발견한 '나의 언어'

이 시기를 통해 나는 유럽, 미국, 일본 등 각국의 패션 교육시스템의 차이를 피부로 느꼈다. 유럽은 예술성과 장인정신 기반의 실험적이고 창의적인 감각을 강조했고, 마랑고니는 실무 중심의 교육을 통해 나를 현장형 디자이너로 키웠다. 반면 미국은 산업과의 연결성, 마케팅 감각, 비즈니스 마인드를 강조했고, 일본은 전통과 서양 기술을 융합한 독특한 미학을 발전시켜 왔다.

이러한 차이를 체감하며 나는, 한국 패션 교육의 구조적 한계를 절감했다. 당시 한국의 패션 교육은 대부분 가정대학 내 의류직물학과 중심으로, 이론과 분석 위주의 학문적 접근에 머물렀다. 디자인보다는 원단의 물성, 세탁에 대한 실험, 내구성 분석 등 기술적 요소가 강조되었고, 창의적 표현은 제한적이었다.

그래서 나는 한국식 '1등 교육'이 얼마나 사고의 자유를 억눌러 왔는지를 실감할 수 있었다. 이 경험은 이후 내가 한국으로 돌아와 현장 교육, 디자이너 양성, 기업 전략 수립에서 '기획형 창의성', '전략형 크리에이터', '창의 경영'이라는 세 가지 요소를 강조하는 근거가 되었다.

나는 디자이너가 된 것이 아니라, 사고하는 훈련을 다시 받은 것이었다. 마랑고니는 단지 기술이 아닌, '내 사고방식을 바꿔준 공간'이었다.

"나는 디자이너가 된 게 아니라, 다시 사고하는 사람이 되었다"

'나만의 언어'란 무엇이었을까?

마랑고니 교수님이 말한 "기획과 구조에 강한 당신이, 그것을 자신만의 언어로 만들라"는 말은, 단순히 아이디어나 논리를 넘어서 디자인 안에 담긴 나만의 세계관, 나만의 메시지, 나만의 방식으로 사람을 설득하라는 뜻이었다.

내가 발견한 '나만의 언어'는 다음과 같다.

① 스토리가 있는 기획   역사학도의 관점에서 디자인에 기획적 질문을 내포시킨다.
- "이 옷은 단순히 가을 재킷이 아니라, 1980년대 한국 여성의 변화된 삶을 담고 있다"

② 문화적 감수성을 입힌 디자인   내가 살아온 문화와 환경을 옷 안에 녹여낸다.
- 한국적 원단, 절제된 색감, 실루엣을 활용
- 직물공장 가족 경험을 통해 원단의 감촉과 직조구조에 대한 본능적 이해

③ 스토리텔링 드로잉   그림이 아닌 '말하는 드로잉'을 한다.
- 그림은 캐릭터와 삶을 담은 서사로 기능

④ **구조적 사고**   디자인은 조합이 아닌 설계다.
- 산업공학적 사고처럼 설계의 구조를 갖고 디자인

나는 그때 알았다.

패션이란, 내가 살아온 문화를 입는 일이자, 내 세계를 세상에 드러내는 방식이라는 것을.

● 마랑고니 디자인 스쿨 시절, 수업 과제로 제출했던 포트폴리오 일부. 유럽식 패션 일러스트 기법과 색채, 실루엣 설계 방식을 처음으로 체득했던 시기였다.

글로벌 패션 교육시스템
비교(1980년대 중심)

1980년대 세계 패션 교육은 국가마다 다른 철학과 산업 연결 방식으로 발전했다. 마랑고니의 교수법은 그 자체가 질문이었으며, "왜 이 옷이어야 하는가?"라는 질문에 답하는 힘을 요구했다.

- 이탈리아: 실무 · 장인정신 중심(마랑고니, 폴리모다 등)
- 프랑스: 꾸뛰르 감성 · 하우스 중심 교육(에스모드 파리 등)
- 영국: 실험성과 서브컬처 기반 창의교육(CSM, LCF 등)
- 미국: 산업 · 리테일 연계 중심(FIT, 파슨스 등)
- 일본: 전통과 해체주의 융합(문화복장학원 등)
- 한국: 섬유과학 중심의 학문교육 + 사설교육기관의 실기 보완

이 비교는 단지 교육 제도의 차이를 넘어서, 한 사회가 '패션'을 어떻게 정의하고 미래 인재를 어떻게 기르는지를 보여주는 거울과 같았다.

[표4] 1980~1990년대 세계 패션 중심국의 교육시스템 비교

국가	교육 특징	대표 교육기관
이탈리아	예술성과 장인정신 중심, 실무 기반, 스토리텔링 강조	마랑고니(Istituto Marangoni), 폴리모다(Polimoda)
프랑스	하우스 중심의 고전미와 감성 강조, 쿠튀르 전통, 예술과 유산에 강한 연계	에스모드 파리(ESMOD Paris), 샹브르 신디칼(Chambre Syndicale)
영국	실험성과 개성 강조, 문화·이론 결합, 서브컬처와의 연계	센트럴 세인트 마틴스(CSM), 런던칼리지오브패션(LCF)
미국	마케팅·산업 연계 중심, 패션 비즈니스 강조, 글로벌화·리테일에 강함	FIT(Fashion Institute of Technology), 파슨스(Parsons)
일본	전통미와 서구 기술 융합, 해체주의적 디자인, 장인정신과 패턴 중심 교육	문화복장학원(Bunka), 에스모드 재팬 등
한국	가정대학 기반 이론 교육 중심, 섬유·소비자 연구 위주, 실기교육은 복장학원 등 병행	이화여대, 서울대 의류학과/국제복장학원, 디자인연구소 등

이탈리아 패션하우스에서
수석 디자이너가 되기까지

"나는 디자이너였지만, 어느 순간 브랜드의
구조와 철학을 설계하고 있었다"

일찍 찾아온 기회:
'발렌티노' 대신 '카우텐'을 선택하다

      1986년 여름, 마랑고니에서 수업을 시작한 지 2달 만에 나는 2개의 인턴 제안을 받았다. 하나는 전설적인 디자이너 하우스 '발렌티노(Valentino)', 다른 하나는 생소한 기업 '프로제티 카우텐(Progetti Kauten)'이었다. 고민은 길지 않았다. 나는 화려한 명성보다는 현장의 실무를 택했다. 이 결정이 나를 단순한 디자이너를 넘어 전략적 기획자로 성장시킨 터닝포인트였다.

      "유순, 당신은 기획과 구조에 강하군요. 그걸 '자신의 언어'로 만들 수 있다면 훨씬 강해질 거에요."

– 마랑고니 교수의 조언

　내가 선택한 카우텐은 13개 브랜드를 운영하는 중견 패션그룹으로, 각 브랜드가 뚜렷한 정체성과 고유의 소비자 타깃을 갖고 있었다. 카우텐은 단일 브랜드 중심의 디자이너 하우스와 달리, 시장을 중심으로 한 전략적 접근과 기능별 체계화된 조직 구조가 특징이었다. 상품기획, 텍스타일 연구, 피팅, 생산 공정 관리, 바잉까지 각각의 기능이 독립적이면서도 유기적으로 연결된 다중 브랜드 클러스터였다. 그렇기에 카우텐의 디자이너는 감각적 창작자이기보다, 각 브랜드의 전략을 종합적으로 설계하고 실행하는 전방위적 전문가로 성장해야 했다.

　처음 13개월간, 나의 업무는 물류창고에서 매일 약 200개의 샘플을 도식화(Flat Sketching)[1] 하고 정리하는 일을 했다. 1년에 약 15,000개의 샘플을 손에 쥐고, 직접 봉제선을 따라 손끝으로 관찰하고, 옷의 재단 구조와 치수, 원단의 물성까지 철저히 분석했다. 이 작업은 단순한 기술 습득을 넘어서, 패션이라는 언어를 산업의 데이터 구조를 체계적으로 익히는 시간이 되었다.

---

1)　도식화란, 샘플 의류의 앞면과 뒷면을 포함한 전체 형태를 평면적으로 그리고, 주요 디테일을 시각적으로 명확히 나타내는 작업이다. 도식화에는 의상의 재단법, 봉제선의 위치, 구체적 치수, 부자재 정보까지 포함되어 있으며, 이는 패턴 제작과 생산 매뉴얼의 기초 자료로 활용된다.

낮에는 현장에서 이러한 구조적 데이터를 체득하고, 밤에는 학교에서 교수님과 함께 원단 개발 및 디자인, 피팅 실습2)을 이어갔다.

당시 나에게 이 모든 과정은 단순한 기술적 실습이 아니었다. 데이터와 감각이 손끝에서 만나 실제로 작동하는 옷을 만들어 내는 생생한 훈련장이었다. 현장의 경험과 손끝에서 쌓인 구조적 감각은 이후 내가 수석 디자이너가 되었을 때 컬렉션을 설계하고 글로벌 생산과정을 체계적으로 조율하는 강력한 밑거름이 되었다.

"디자인을 눈으로 보는 것이 아니라, 손으로 익히는 훈련이었다"

[표5] 이탈리아 패션 구조의 두 축: 디자이너 중심 하우스와 기업형 그룹

> 그 시절 내가 선택했던 두 회사—발렌티노(Valentino)와 프로제티 카우텐(Progetti Kauten)—은 단순한 취업처가 아니라, 전혀 다른 산업철학과 비즈니스 모델을 대표하는 두 가지 축이었다.
>
> 발렌티노는 디자이너 개인의 미적 감각과 창의성을 중심으로, 시대를 선도하는 스타일을 제안하는 '디자이너 중심 하우스(Artisanal House)' 모델이었다. 당시 한국의 양장점이나 부티크와 유사한 형태로, 한 명의 창조적 디자이너가 브랜드 전체를 이끌고 있었다. 브랜드는 곧 디자이너였고, 제품은 디자이너의 예술적 세계관 그 자체였다.

2) 피팅 실습이란, 마네킹을 이용해 의류의 핏을 세밀히 조정하고, 실제 모델 착장을 통해 신체 움직임에 따른 실루엣과 착용감을 테스트하며, 다양한 소재가 실루엣에 미치는 영향을 관찰하고 분석하는 작업을 포함한다.

반면 내가 선택한 프로제티 카우텐은 시장의 요구와 소비자 데이터를 중심으로 철저하게 설계된 '기업형 패션하우스(Commercial Fashion Group)' 모델이었다. 여러 브랜드가 체계적으로 운영되고 있었으며, 디자이너는 철저히 시장의 니즈와 데이터를 기반으로 컬렉션을 기획했다. 하나의 디자인을 할 때도 반드시 수익성과 생산의 반복성을 고려했다. 이는 오늘날의 ZARA, H&M 등 글로벌 SPA 브랜드 디자이너들의 업무와 매우 흡사한 구조이다.

만약 내가 발렌티노를 선택했다면, '이유순 부티크' 혹은 '이유순 브랜드'를 론칭하여 창의적이고 독창적인 예술 활동 중심으로 커리어를 쌓았을지도 모른다. 하지만 나는 보다 실질적이고 체계적인 시스템 설계 능력을 키울 수 있는 기업형 패션하우스를 택했고, 덕분에 여러 글로벌 기업에서 전략형 디자이너와 패션 비즈니스 전문가로 커리어를 확장할 수 있었다.

"순간의 선택이 인생의 흐름을 결정짓는다는 말은, 내게 정확히 맞는 이야기다"

브랜드를 지휘하는
디자이너로 성장하다

스물다섯 살의 나는 점차 현장에서의 경험이 쌓이면서 더 큰 책임을 맡게 되었다. 처음에는 작은 브랜드의 독립된 컬렉션 라인을 담당하는 기회를 얻었고, 결국 카우텐 그룹이 운영하는 13개 브랜드 중 3개 브랜드의 컬렉션을 총괄하는 수석 디자이너로 성장했다.

수석 디자이너로서 나의 역할은 마치 오케스트라의 지휘자와 같았다. 하나의 컬렉션은 보통 6개의 테마 스토리로 구성되었고, 각 테마 스토리는 3~4개의 아이템이 조합된 4세트 룩(Look)으로 기획된다. 전체적으로는 시즌당 약 70개 내외의 아이템 디자인이 결정되고, 이후 영업팀과의 협업을 통해 원단과 컬러 베리에이션(Variation)을 확장시키면, 최종적으로 약 180여 개의 품목으로 증식된다.

이 중에서 핵심이 되는 20개 디자인은 철저히 표준화된 목형(Pattern/Modeling)[3]으로 제작되어서 전 세계 5개국(이탈리아, 스페인, 터키, 인도네시아, 중국)에 위치한 생산 공장에 발송된다. 전 세계 어느 공장에서 생산을 하더라도 동일한 실루엣과 품질이 유지되도록 철저히 매뉴얼화한 것이다. 이는 단순한 디자인 창작을 넘어, 글로벌 브랜드 품질관리를 위한 시스템적 접근이자 전략이었다.

이처럼 큰 규모의 글르벌 기획·생산과정에서는 디자이너가 중심적인 역할을 맡았다. 카우텐 그룹 내 각 브랜드에는 제품기획팀, 소재개발팀, 생산기술팀, 품질관리팀, 바이어 대응팀이 존재했고, 디자이너는 이 모든 팀과의 소통과 결정의 중심축이었다. 정보는 디자이너를 통해 수렴되고 다시 공유되었으며, 각 부서 간 업무의 책임소재는 철저히 명확했다. 특히 '정해진 납기와 시간'을 지키는

---

[3] 옷의 디자인과 형태를 실제 의류로 구현하기 위해 2D 평면 패턴이나 3D 입체 패턴 형태로 제작된 기본 설계도다.

것은 모든 업무의 핵심이자 신뢰의 기준이었다. 오늘날로 치면 이는 크리에이티브 디렉터(Creative Director) 또는 PM(Product Manager)의 역할과도 유사한 개념이다. 내가 빠르게 성장할 수 있었던 것은 바로 이러한 명확한 조직 구조 덕분이었다.

나는 처음 월 70만 리라를 받는 인턴[4]으로 시작했지만, 600만 리라를 받는 수석 디자이너로 성장했고, 밀라노와 파리에서 열리는 글로벌 컬렉션 수주 마켓에 직접 참여하며 전 세계 바이어를 상대했다. 내 손에서 기획된 디자인은 수백 명의 바이어를 통해 세계 각국으로 퍼져나갔다. 내가 그렸던 작은 스케치 하나가, 실제 제품으로 완성되어 전 세계 매장에 걸리는 놀라운 경험을 했다.

패션을 꿈꾸며 밀라노에 도착했던 한 소녀는 그렇게 세계 패션산업의 가장 치열한 최전선에서 디자인과 비즈니스, 전략을 동시에 배우고 성장하고 있었다.

"디자이너는 단지 옷을 그리는 사람이 아니라, 브랜드의 철학을 지휘하는 사람이다"

---

[4]   1980년 당시 이탈리아에서 2개 방과 1개의 화장실이 있는 중산층용 아파트의 월 임대료는 약 60~70만 리라, 해당 주택의 매매가는 약 6,000만 리라 수준이었다.

- 프로제티 카우텐(Progetti Kauten)에서 수석 디자이너로 활동하며 제작했던 컬렉션 스케치와 작업 도면. 소재 배치와 생산 공정을 고려한 설계가 병행되었던 시기였다.

이탈리아식 디자이너의 역할,
산업 전체의 설계자

카우텐에서 수석 디자이너로서 나의 역할은 단순히 '옷을 디자인하는 것'에 머물지 않았다. 하나의 컬렉션이 소비자에게 도달하기까지는 약 1년이라는 긴 여정이 있었고, 그 모든 과정을 기획하고 관리하며 실행하는 것이 나의 일이었다. 디자인과 기획부터 소재개발, 피팅, 생산, 전시, 유통, 바이어 상담까지 전 과정을 이끌었다. 내가 하는 일은 옷을 그리는 예술가보다는 하나의 산업 전체를 기획하고 운영하는 '전략적 설계자'에 가까웠다.

내 업무는 매 시즌, 1년 후 소비자들이 만날 새로운 컬렉션의 기획에서부터 출발했다. 그 첫 단계는 바로 철저한 트렌드 리서치였다. 단순한 미적 감각이 아니라 데이터와 정보의 축적이 출발점이었다. 전 세계 패션정보지와 트렌드 컨설팅 자료를 분석하고, 주요 트렌드의 흐름을 파악했다. 이탈리아, 프랑스, 독일에서 열리는 원단 전시회를 방문하여 시즌에 어울리는 소재를 직접 샘플링하고, 컬렉션의 주제와 컬러 팔레트를 구성했다.

그 후 나는 밀라노에 있는 내 스튜디오에서 약 한 달간 실루엣과 스타일의 구체적인 스토리를 설계하고, 전체 컬렉션의 메시지와 구조를 정교하게 다듬어 나갔다. 하지만 디자인은 결코 내 책상 위에서 끝나지 않았다.

컬렉션의 디자인이 완료되면, 기획안은 이탈리아 본사를 중심으로 전 세계 생산 사무소—스페인, 터키, 인도네시아, 중국, 인도 등지로 전달되었다. 현지 공장에서는 약 3개월 동안 컬렉션의 프로토타입 샘플(Prototype Sample)을 제작하는 작업[5]이 이루어졌다. 이 과정에서 나는 직접 각국의 생산 현장으로 출장을 다니며, 샘플 제작이 디자인 기획과 정확히 일치할 수 있도록 기술적 지침을 제공하고, 현지 직원들과 함께 문제를 해결했다. 나는 단지 기획자가 아니라, 생산 현장과 협력하여 컬렉션의 품질을 최적화하는 '현장 전략가'였다.

각국에서 생산된 프로토타입 샘플들은 약 3개월 후, 다시 밀라노 본사로 도착했다. 도착한 샘플들은 영업팀과 긴밀히 협력하여, 실제 글로벌 바이어에게 선보일 수 있도록 한 차례 더 보완 과정을 거쳐 '세일즈맨 샘플(Salesman Sample)'로 완성되었다. 나는 이 단계에서도 바이어의 반응을 미리 예측해서 디자인 수정과 품질 보완을 지원했다.

---

5) 프로토타입 샘플(Prototype Sample)은 디자인 기획 단계에서 제작되는 최초의 샘플로, 디자이너의 스케치나 테크팩(Tech Pack)을 바탕으로 스타일, 소재, 봉제 방식, 실루엣 등을 실제로 구현해 보는 초기 샘플이다. 제작 의도와 구조적 완성도를 점검하는 데 사용되며, 보통 개발실이나 샘플룸에서 1차로 제작된다. FIT 검토용 또는 내부 프레젠테이션용으로 사용되며, 이후 수정된 버전은 2nd/3rd Proto로 발전한다.
반면 세일즈맨 샘플(SMS: Salesman Sample)은 프로토 샘플보다 완성도 높은 상품 샘플로, 바잉 시즌에 세일즈팀이 실제 바이어에게 제안하기 위해 제작하는 샘플이다. 디자인, 원단, 봉제, 라벨, 워싱 등 생산 제품과 거의 동일하게 구현되며, 컬렉션 전체를 대표하는 샘플로 쓰인다. 글로벌 브랜드의 경우, 시장별로 컬러나 사이즈를 달리한 SMS가 배포되기도 하며, 일부 바이어는 이 SMS를 기준으로 오더 수량을 결정한다.

이렇게 완성된 샘플은 밀라노와 파리의 쇼룸에 전시되어, 국제 컬렉션 수주 마켓에서 전 세계 바이어들에게 선보이게 된다. 바이어들의 주문이 이루어진 이후에는 다시 약 3~6개월간 실제 생산 과정을 거쳐, 마침내 소비자에게 제품이 전달된다.

내가 처음 컬렉션을 기획했던 시점부터 최종 소비자가 옷을 만나기까지 걸리는 시간은 최소 1년에 달했다. 이 긴 여정 동안 나는 수많은 국가와 다양한 이해관계자들과 협력하며, 문제를 조율하고 디자인의 정합성을 유지하기 위해 철저히 전 과정을 관리했다.

내가 이탈리아에서 디자이너로 일하면서 가장 생생하게 기억에 남는 사건은 프랑스 바이어와의 긴급 협상이었다. 이미 샘플이 생산라인에 올라간 시점에 갑자기 바이어는 지퍼 위치 변경을 요청했다. 이 요청은 단순한 디자인 수정만으로 해결될 수 없었다. 패턴과 봉제 방식을 수정하고, 납기 일정을 재조정해야 하는 매우 복잡한 문제였다. 당시 나는 즉시 밀라노 디자인 스튜디오와 생산 공장, 프랑스 바이어 사이를 긴박하게 오가며 수십 번의 협상과 조율을 진행했고, 마침내 생산 일정과 품질을 모두 만족시키는 방법을 찾아냈다.

이러한 일들은 단순히 창의적인 디자인 능력만으로 해결할 수 있는 것이 아니었다. 소재를 선택할 때는 인도 공장에서 직조 밀도를 확인해야 했고, 피렌체에서는 하루 종일 박람회장을 돌며 단추 하나하나를 고르는 치밀함이 요구되었다. 생산 일정이 지연된 모로코 공장과는 수십 통의 이메일과 전화를 통해 문제를 해결했다.

이 모든 경험이 나에게 가르쳐 준 것은, 바로 디자인이 미적 감각에 머무르지 않고 소싱·생산·협상·납기 관리 등 모든 요소를 통합적으로 설계하고 운영하는 '전략적 사고'라는 사실이었다.

"디자인은 감각이 아니라, 문화와 시간, 사람을 조율하는 시스템이다"

이탈리아에서의 수석 디자이너로서 내가 배운 가장 중요한 교훈은, 디자이너란 단지 '예술가'가 아니라 브랜드의 철학과 품질 기준을 정립하고, 산업 전체의 프로세스를 설계하는 '복합적 전략가'라는 점이었다. 이 경험은 훗날 한국에서 패션 브랜드 전략 컨설팅과 AI를 활용한 디자인 예측 시스템 개발 등으로 나의 업무 영역을 확장할 수 있었던 핵심적이고도 전략적인 자산이 되었다.

유럽식 품질의식과 브랜드 철학

카우텐에서의 경험을 통해 내가 가장 크게 깨달은 것은 바로 '품질이 곧 브랜드의 철학'이라는 유럽, 특히 이탈리아 특유의 패션산업 정신이었다. 그동안 나는 디자인이란 창의적인 아이디어나 감각의 표현이라고 생각했지만, 실제 현장에서 마주한 이탈리아 패션시스템은 '품질'을 통해 철저히 세계적인 신뢰와 경쟁력을 구축하고 있었다.

카우텐은 단지 디자이너 개인의 감성이나 창의성만을 추구하는 하우스가 아니라, 13개 브랜드를 동시에 운영하며 철저히 시스템화된 구조 속에서 품질을 관리하고, 이를 브랜드 정체성으로 삼아 시장에서 차별화하고 있었다. 내가 경험한 이탈리아 패션기업의 강점은, 제품의 창의성과 고급스러운 감성도 뛰어났지만 무엇보다도 소재와 공정의 철저한 품질관리에 있었다.

이탈리아 패션 브랜드들이 세계적 명성을 얻은 이유는 품질과 장인정신을 단순히 '하나의 장점'이 아니라 '본질'로 삼았기 때문이다. 유럽 시장에서 나는 그들이 원단을 선택할 때부터 제품 완성에 이르는 모든 단계에서 철저하게 디테일과 품질을 추구하는 모습을 보았다. 원단 하나, 바느질 한 땀, 옷의 안쪽 마감선 하나까지 브랜드의 철학과 가치를 담아내려 했고, 이는 그 자체로 소비자들에게 신뢰와 자부심을 심어주는 요소였다.

한번은 피렌체의 부자재 시장에서 단추를 고르던 수석 모델리스트가 나에게 이렇게 말한 적이 있다.

"유순, 이 단추 하나가 재킷의 격을 좌우해요. 옷이란 결국 이런 디테일들이 쌓여 브랜드를 이루는 거죠"

실제로 단추나 지퍼, 안감 같은 사소한 부자재들조차 품질과 기능성, 그리고 브랜드 정체성에 부합해야만 채택될 수 있었다. 이런 과정을 통해 나는 '디자인은 보이는 게 전부가 아니라, 시스템과 결합하여 작동하는 것이다'라는 것을 배웠다.

"좋은 디자인은 눈에 띄는 것이 아니라, 작동하는 것이다"

이탈리아 패션이 품질로 승부한 배경

내가 경험했던 당시 이탈리아 패션은 세계 명품 시장에서 급격히 부상하던 시기였다. 1970~1980년대 이탈리아는 기존의 영국이나 프랑스 중심의 패션 세계에서 품질과 실용성, 세련된 감각을 무기로 급속히 명성을 쌓아가고 있었다. 이탈리아는 특히 소재와 생산 공정에 대한 장인정신을 중시했고 명확한 품질관리 시스템을 통해, 프랑스의 꾸뛰르 중심 패션과는 다른 시장 포지션을 점령하고 있었다. 프랑스가 오뜨 꾸뛰르[6]로 고급 수제 작업과 예술적 가치를 강조했다면, 이탈리아는 높은 품질과 세련된 감각을 보다 합리적인 생산 방식과 결합하여 기성복 시장에서 차별화된 경쟁력을 확보한 것이다.

실제로 이탈리아는 당시 중소 규모의 전문 제조업체들이 네트워크를 이루어 생산하는 '클러스터(Cluster)' 형태의 제조 시스템을 구축해 나가고 있었다. 이런 클러스터는 각자 전문화된 품목(원단, 부자재, 피팅 등)에 특화되어 있었고, 이를 기반으로 전 세계 명품 브랜드

---

[6] 꾸뛰르(Haute Couture)는 예술 작품에 가깝다면, 프레타포르테(Prêt-à-Porter)은 대중적인 상품에 가깝다. 꾸뛰르는 패션 디자이너의 창의성과 기술적 역량을 최대한 발휘하는 반면, 프레타포르테는 대중의 요구를 충족시키고 시장에서 판매되는 것을 목표로 한다.

들의 신뢰를 받는 생산 시스템을 구축했다. 품질관리는 각 부품을 담당하는 중소업체의 명예와 직결되었고, 장인들은 자신의 기술과 자부심을 제품 하나하나에 담았다. 나는 이 시스템 속에서, 품질이라는 것이 단지 눈에 보이는 마감이나 소재의 질감을 넘어서 브랜드의 철학과 기업의 존재 이유로까지 승화될 수 있음을 체험했다.

'품질의 철학'을 체득하다

나는 카우텐에서 시즌마다 원단의 특성과 활용법을 테스트하는 소재 실험을 수행했다. 단순히 아름다운 소재를 찾는 것이 아니라, 그것이 최종 제품에서 어떻게 작동하고 내구성을 가지는지 철저하게 검증하는 과정이었다. 현지 공장과 협업해 새로운 질감과 기능을 갖춘 원단을 개발하며, 나는 품질이야말로 브랜드 가치를 지탱하는 근본이라는 점을 명확히 이해하게 되었다.

> "디자이너는 옷을 그리는 사람이 아니라, 품질과 시스템을 설계하는 사람이다"

결국, 카우텐에서의 경험은 나를 단순히 '디자이너'가 아니라 '디자인의 품질을 전략적으로 관리하는 설계자'로 성장시켰고, 브랜드 철학을 단순한 콘셉트가 아니라 시스템적으로 구현하는 역량을 키워주었다. 이 깨달음은 내가 평생을 걸쳐 추구할 디자인과 브랜드 전략의 핵심 가치가 되었다.

[표6] 품질은 곧 경쟁력: 유럽 패션하우스의 부자재 의사결정 사례

유럽 패션하우스에서 품질은 곧 브랜드 경쟁력의 핵심 요소다. 부자재 선정은 제품의 완성도와 기능, 그리고 브랜드의 철학을 동시에 결정짓는 출발점이자, 장기적인 시장 신뢰를 형성하는 전략적 과정이다.

사례 1 – 피렌체 단추 박람회: 부자재 선택의 전략적 설계

디자인 결정은 단순히 미적 선호를 반영하는 행위가 아니라, 생산·품질·브랜드 철학이 결합된 종합적 전략의 산물이다. 피렌체에서 열린 국제 단추 박람회에서 나는 하루 종일 부스를 돌며 소재(나무, 자개, 메탈, 플라스틱), 크기, 색상, 표면 마감, 무게, 촉감 등을 체계적으로 점검했다. 하지만 단순히 미적 아름다움만 고려할 수는 없었다. 그 단추를 실제로 옷에 부착할 때 발생할 수 있는 기술적 문제나 생산과정에서의 제약, 유럽의 안전 기준과 인증 요건까지 고려해야만 했다. 단추 하나에도 이러한 종합 판단이 요구되며, 이는 곧 부자재 선택이 '디자인 품질 시스템'의 출발점임을 보여준다. 결과적으로 최종 선정된 단추는 의복의 격과 완성도를 높이는 동시에, 생산 효율과 안전성을 보장하는 전략적 자산이 되었다.

사례 2 – 고기능성 지퍼 선택: 기능성과 브랜드 경험의 결합

한 아웃도어 재킷 컬렉션에서 나는 방수 지퍼를 선택하는 과정에 참여했다. 지퍼는 단순 개폐 장치가 아니라, 방수 성능(테이프 코팅·발수 처리), 개폐 부드러움(고객 사용 경험), 내구성(반복 사용 시 손상 방지), 색상·디자인(제품 콘셉트와의 일치), 그리고 제조 단가 및 공급 안정성 등의 조건을 동시에 충족해야 했다.

특히 방수 기능을 강화하기 위해 이중 코팅 처리된 수입 지퍼를 테스트했고, 실제 필드 테스트에서 우수한 성능을 확인한 후 도입을 결정했다. 이 선택은 제품의 기능성을 높였을 뿐 아니라, 브랜드가 '신뢰할 수 있는 기술 기반 프리미엄'이라는 이미지를 공고히 하는 데 기여했다.

사례 3 – 고급 안감의 도입: 보이지 않는 부분에서의 브랜드 가치 구축

남성 정장 라인에서는 '보이지 않는 디테일'이 장기적인 브랜드 충성도를 만든다는 철학 아래, 안감 소재를 전면 교체한 프로젝트를 수행했다. 표면 원단과 마찰 시 정전기 방지, 착용 시의 통기성·흡습성, 드레이프감, 심지와의 접합성 등을 과학적으로 분석했다. 일본에서 수입한 고밀도 비스코스 혼방 안감은 원단 대비 8% 높은 원가였지만, 착용감 향상, 구김 방지, 고급스러운 내부 마감이라는 효과를 통해 고가 정책을 뒷받침했다. 결과적으로 해당 시즌 리오더율이 15% 증가하며, '입는 순간 차이를 느끼는 정장'이라는 브랜드 평판을 강화했다.

"품질은 보이지 않는 디테일에서 완성되고, 그 디테일이 브랜드를 지탱한다"

이탈리아 패션산업의
경쟁력과 쇠퇴

"생각을 바꿀 수 없는 사람은 아무것도 바꿀 수 없다
(Those who cannot change their minds cannot change anything)"
- 조지 버나드 쇼(George Bernard Shaw, 아일랜드 출신 극작가 겸 비평가)

그때 이탈리아는
패션산업의 중심이었다

1980년대의 이탈리아는 패션 세계의 중심이었다. 당시 나는 25세의 나이에 밀라노에서 카우텐(Kauten) 그룹의 수석 디자이너로서 매년 3,000개 이상의 스타일을 만들어 냈다. 디자인 소싱을 위해 밀라노, 코모, 피렌체, 파리뿐만 아니라 인도, 튀니지, 케냐까지 세계 곳곳을 누볐다. 한국에서는 여권 발급조차 쉽지 않았던 시절, 나는 이미 글로벌 패션 전략가로서의 삶을 살고 있었다.

당시 'Made in Italy', 'Design in Italy'는 단순한 원산지 표시를 넘어 압도적인 글로벌 신뢰의 상징이었다. 내가 만든 스타일이 언어와 문화가 다른 세계의 바이어들에게 팔려나가는 경험은 디자이너로서 큰 기쁨이었다. 그러나 그것은 곧, 거대한 산업의 구조와 흐름 속에 내가 있다는 사실을 깨닫게 한 충격적인 순간이기도 했다.

이탈리아 패션산업의 경쟁력은 다음 세 가지 구조적 특성에서 나왔다.

첫째, 지역 기반의 클러스터 시스템이다. 밀라노는 디자인과 마케팅, 코모는 실크와 직물, 피렌체는 가죽과 장인 공방, 베네토는 봉제 생산으로 각각 특화되어 있었다. 지역적 분업을 통해 창의성, 품질, 효율성 모두를 극대화할 수 있었다.

둘째, 장인정신과 예술성의 공존이다. 단추 하나, 바느질 선 하나에도 미적 완성도와 기능성을 동시에 추구했고, 이탈리아인들은 옷을 단순한 상품이 아닌 문화의 표현으로 여겼다. 디자인을 결정하기 전에 소재를 먼저 엄선하고, 원단의 특성에 맞는 실루엣과 디테일을 기획했다. 피렌체의 수석 모델리스트가 말한 "이 단추 하나가 재킷의 격을 결정짓는다"라는 말은 지금도 내게 깊이 각인되어 있다.

셋째, 자율적이면서 유기적인 협업 구조다. 이탈리아의 디자이너와 소규모 장인 공방들은 독립적이면서도 긴밀하게 협력했다. 창의성과 생산성이 공존하는 이 유연한 구조는 당시 세계적으로 독보적인 경쟁력이었다.

그 시스템은 내 디자인을
'산업'으로 만들어 주었다

　　　　　내가 이탈리아에서 배운 가장 큰 깨달음은 디자인이 곧 시스템 설계라는 것이었다. 나는 한 시즌에 수천 개의 스타일을 만들었지만, 핵심이 되는 20개의 목형(Pattern)은 전 세계 5개국의 생산 공장에서 동일한 품질로 구현될 수 있도록 표준화하여 공유했다. 이는 품질과 브랜드 정체성을 유지하기 위한 전략적 프로세스였다. 지금 생각해 보면, 이것이야말로 '디자인의 산업화'였고, '브랜드 시스템 전략'의 본질이었다.

　디자이너의 역할은 단순히 제품을 만드는 창작자를 넘어, 전체 비즈니스와 생산 프로세스를 지휘하는 전략가에 가까웠다. 내가 몸담은 이탈리아의 시스템은 오늘날의 글로벌 SPA 브랜드(Zara, H&M)가 사용하는 기획-생산-유통 통합 모델과 놀라울 정도로 닮아 있었다.

"나는 그 중심에서, 제품을 넘어 하나의 브랜드 시스템을 설계하는 디자이너로 일하고 있었다"

그런데 왜 지금은,
이탈리아가 힘을 잃었을까?

나는 최근 몇 년간 런던과 파리의 패션스쿨에서 단기 워크숍을 들으며, 이탈리아 패션산업이 직면한 현실을 다시금 깨닫게 되었다. 예순을 넘긴 시점에, 나는 과거의 강점을 객관화하고 산업 변화의 흐름을 점검하기로 했다. 그 과정에서 명확히 느낀 것은 이탈리아가 결정적인 '시스템 혁신'의 타이밍을 놓쳤다는 사실을 깨달았다.

2000년대 이후 프랑스는 LVMH, Kering(케링) 같은 대형 럭셔리 그룹 중심으로 빠르게 수직 계열화된 글로벌 브랜드 시스템을 구축했다. 디자인부터 생산, 마케팅, 유통까지 일관된 전략 아래 통합하며, 브랜드 가치를 극대화하고 글로벌 시장 변화에 기민하게 대응해왔다.

반면 이탈리아는 소규모 브랜드와 장인 중심의 지역 클러스터 구조를 유지하며 개별적 창의성과 품질을 중시했다. 이 시스템은 제품의 탁월성에서는 경쟁력이 있지만, 글로벌 시장에서 요구하는 신속한 혁신, 디지털 전환, 브랜드 관리의 통합성에서는 한계를 드러냈다. 결과적으로 많은 이탈리아 브랜드가 외국 자본에 인수되거나 글로벌 경쟁력을 잃게 되었다.

결과적으로 많은 이탈리아 브랜드가 외국 자본에 인수되거나 글로벌 경쟁력을 잃게 되었다. 그 대표적인 사례가 바로 구찌였다. 2004

년, 구찌는 프랑스 자본인 Kering에 인수되며, '메이드 인 이탈리아'의 자존심이 외부 자본으로 넘어간 상징적 사건으로 기록되었다.

"나는 지금도 그때의 시스템을 존경한다. 그러나 변화하지 않으면, 창의성도 무너진다는 걸 배웠다"

내가 배운 것, 그리고 지금의 통찰

이탈리아 패션산업에서 나는 세 가지 유산을 받았다.
첫째, 일상적인 물건을 예술로 승화하는 미적 감각
둘째, 품질과 기초를 중시하는 철저한 클러스터 시스템
셋째, 장인을 존중하고 보호하는 문화적 기반

그러나 내가 배운 가장 중요한 교훈은 이 모든 강점이 지속 가능한 산업 구조로 진화하려면 시대 변화와 함께 혁신해야 한다는 것이다. 전통과 창의성도 전략과 경영을 통해 변화하지 않으면 단지 '유산'으로만 남을 뿐이었다.

"산업은 늘 바뀐다. 바뀌지 않으면, 그건 산업이 아니라 유산이다"

이탈리아에서 경험한 디자인과 품질, 그리고 시스템에 대한 통찰은 이후 한국으로 돌아와 나의 브랜드 전략, 기업 컨설팅, AI 기반 패션시스템 설계 등의 근본적인 기반이 되었다. 나는 밀라노의 거리를 걸으며 익힌 디자인적 감성과 현장에서 습득한 전략적 사고를 결합해, 패션을 단순히 제품이 아니라 지속 가능한 시스템으로 만들어 가는 법을 깨달았다.

  밀라노에서 보낸 시간은 나에게 디자이너로서의 정체성과 전략가로서의 사고, 그리고 패션산업의 본질과 구조를 깊이 있게 이해할 수 있는 안목을 키워준 소중한 시간이었다. 패션산업이 어떻게 진화하고 혁신해야 하는지에 대한 나의 고민과 방향성은 바로 이탈리아에서 배운 교훈과 경험에서 비롯되었다.

"내가 배운 패션의 가장 큰 가치란 결국 시대의 변화에 맞춰 끊임없이 혁신하는 것이다. 그 혁신이 있을 때 비로소 디자인은 진정한 힘을 발휘한다"

[표7] 프랑스 vs. 이탈리아 패션 산업 구조 비교

구분	프랑스(France)	이탈리아(Italy)
산업 구조	수직계열화된 통합구조 (디자인-생산-유통-마케팅의 일원화)	분산된 지역 클러스터 구조 (코모: 직물, 피렌체: 가죽, 밀라노: 디자인 등)
	LVMH, Kering, Chanel 등 대형 그룹 중심	Armani, Valentino 등 개별 디자이너 및 장인 중심 네트워크
브랜드 전략	브랜드 이미지와 유산, 디자인 언어의 일관된 글로벌 관리	개별 디자이너와 제작사의 자율성 중심
	강력한 브랜드 파워를 바탕으로 유통, 콘텐츠, 테크 기업과 협업	브랜드 정체성보다는 제품의 감각과 품질 강조
제조 시스템	글로벌 생산기지 활용 및 제조 외주화	자국 내 장인 공방 및 소규모 생산 유지
	가치 창출은 브랜드 전략과 유통력에 집중	'Made in Italy' 정체성으로 고급 제조 유지
디지털화 및 위기 대응	코로나19 이후 신속한 디지털 전환	여전히 오프라인 중심의 비즈니스 구조
	메타버스, NFT, AR 등 디지털 혁신 적극 활용 (예: Balenciaga in Fortnite, Louis Vuitton x League of Legends)	소규모 브랜드는 디지털 역량이 부족해 글로벌 확장 및 위기 대응이 취약

| 3장 |

세계에서 배운 전략, 한국에서 꽃피우다

글로벌 실험과 현지 전략, 그 접점에서

"전략은 계획이 아니라,
 방향성 있는 학습이다"

게리 해멀(Gary Hamel, 미국 전략학자)

찰스허 프로젝터,
한국 패션의 글로벌 실험실

"실패였지만,
실패가 내 전략이 되었다"

글로벌 전략가로서의 귀국,
그리고 신한인터내셔날과의 만남

1991년, 나는 한국 패션 브랜드의 세계시장 진출이라는 대담한 실험에 뛰어들었다. 이탈리아에서의 5년간 훈련과 글로벌 현장 경험을 바탕으로, 이제는 한국에서 직접 그 전략을 실행할 차례였다.

그 무대는 신한인터내셔날이었다. 허병구 회장이 이끄는 이 회사는, 이미 수입 브랜드 라이선스를 통해 국제적 감각을 갖춘 패션기업으로 성장하고 있었다.

그 시작은 '찰스허쥬니어'라는 독자 브랜드였다. 이 프로젝트는 단순한 내수 브랜드 론칭이 아니었다. 서울, 뉴욕, 홍콩을 동시에 연결하는 글로벌 플랫폼 구축 자체가 목적이었다.

허 회장은 폴로 랄프로렌, 베네통 등의 수입 브랜드를 경험한 인물로, 브랜드가 곧 콘텐츠이며 산업이라는 신념을 가진 전략가였다. 나는 그 비전 아래 실무자이자 디자이너, 브랜드 디렉터, 전략 기획자의 역할을 동시에 수행했다.

당시 한국 패션시장은 준비되지 않은 상태였다. 1980년대 후반까지만 해도 남성은 양복, 여성은 오피스룩 중심의 문화였다. '캐주얼'이라는 말조차 낯설던 시절. 국내 브랜드라고 해봐야 제일모직의 '골덴니트', 삼성물산의 '버킹검', 반도패션(훗날 LG패션)의 '죠다쉬' 정도였다.

이러한 시장에 '플래그십 스토어', '라이프스타일 브랜딩', '글로벌 브랜딩'이라는 개념은 다소 사치처럼 들릴 정도였다.

그럼에도 불구하고, '찰스허쥬니어'는 너무 이른 도전이자 동시에 새로운 패러다임의 시작이었다. 우리가 시도했던 것은 단순히 옷을 파는 것이 아니라, 브랜드의 철학과 문화를 전파하는 일이었고, 그 과정은 나의 전략 인생의 출발점이 되었다.

거북이의 철학:
오래가는 브랜드 설계

찰스허쥬니어의 심벌은 '거북이'다. 허 회장은 이 브랜드가 '빠르지는 않지만 오래가는 존재'로 성장하기를 원했다. 브랜드의 지속 가능성과 내면의 힘, 그리고 시간 속에서 쌓이는 가치를 그는 무엇보다 중시했다.

나는 이수만 프로듀서(前 SM엔터테인먼트 총괄 프로듀서)와 협력해서 로고 개발부터 브랜드 영상 제작까지 전 과정을 주도했다.

"잔잔한 물결 위에 거북이 한 마리가 떠오르고, 찰스허쥬니어 로고가 중앙에 등장하는 영상"

이 광고에 삽입된 음악은 SM 1호 가수 현진영의 스타일로 제작되었으며, 훗날 힙합 열풍과 '현진영 Go 진영 Go'로 이어지는 문화 콘텐츠로 확장되었다.

나는 로고 개발 과정에서 일러스트, 기획, 감성 브리핑, 카피라이팅까지 전방위적으로 참여했고, 이 프로젝트는 나의 첫 브랜딩 실험이 되었다.

이 과정을 통해 나는 브랜드가 단순한 로고나 상표가 아니라, 정체성과 철학을 담은 하나의 '언어'라는 사실을 몸으로 이해하게 되었다.

이후 지속 가능성과 감성 마케팅이 글로벌 화두로 떠올랐을 때, 나는 종종 이 거북이의 철학을 떠올렸다.

그때 우리는 이미 '오래가는 브랜드'를 디자인하고 있었던 것이다.

"브랜드는 로고가 아니라, 시간과 나누는 긴 대화다(A brand is not just a logo, it's a long conversation with time)."

뉴욕, 서울, 홍콩:
글로벌 시장을 연결하는 플랫폼 전략

찰스허쥬니어는 시작부터 글로벌 시장을 겨냥했다. 우리는 서울에 디자인 및 생산본부를 두고, 뉴욕 엠파이어스테이트 빌딩에 소싱 및 영업 사무소를 설치했으며, 홍콩에는 물류 거점을 마련했다. 이른바 '멀티로컬(Multilocal) 전략'의 실험이었다.

우리는 미국 최대 패션 도매 박람회인 라스베이거스 '매직쇼(MAGIC Show)'에 한국 브랜드로는 최초로 단독 부스를 열었다. 내가 이탈리아에서 익힌 글로벌 수주 전략을 현장에 적용했고, 바이어들의 반응은 뜨거웠다. 마치 밀라노에서 경험했던 컬렉션 데자뷔처럼, 한국 브랜드가 단독으로 미국 시장에서 도매 수주를 받는 광경은 그 당시 누구도 상상하지 못한 일이었다.

나는 각 도시를 오가며 브랜드 디렉션(CDO 역할)과 글로벌 전략을 총괄했다. 디자인 기획부터 수주 대응, 물류와 통관까지 브랜드의 전 과정을 현장에서 경험하며 실행했다.

지금 돌이켜 보면 이 전략은 단순한 '세계화'가 아니라, 각 도시의 문화와 시장을 이해하고 활용한 '세계 속의 지역화(Localization within Globalization)' 전략이었다.

찰스허쥬니어는 단일 브랜드로 다국적 전략을 실험한, 매우 선구적인 플랫폼 브랜드였다.

공간은 브랜드의 언어다:
감각을 설계한 매장 실험

압구정 가로수길 초입, 고급 상권 한복판에 자리한 찰스허쥬니어의 플래그십 스토어는 단순한 판매 공간이 아니었다. 폴로 랄프로렌 매장을 마주보고 선 이 공간은, 새로운 감성과 전략의 실험장이었다.

뉴욕의 유명 인테리어 회사와 협업해 기획된 이 매장은 대리석 바닥, 클래식 가구, 에스프레소 머신까지—당시로서는 파격적인 요소들로 채워진, 브랜드 철학을 구현하는 무대였다.

나는 이 공간을 통해 제품을 '판매'하는 것이 아니라, 브랜드의 감각과 철학을 '체험'하게 하고자 했다. 진열 방식 하나까지도 우리가 제안하는 라이프스타일의 일부로 설계했다.

무료로 제공된 커피와 쿠키, 공간을 채우는 음악과 향기—이 모든 감각적 요소는 브랜드의 언어로 고객에게 말을 걸고 있었다.

이후 뉴욕 그리니치빌리지에도 같은 콘셉트의 매장을 열었다. 이곳은 원래 신한인터내셔날 미주법인이 운영하던 '쉐비뇽'의 플래그십이었지만, 계약 종료 후 1991년 8월부터 찰스허쥬니어가 들어섰다. 바로 옆에는 엠포리오 아르마니가 있었고, 나는 매일 그 쇼윈도 앞에 멈춰 섰다.

"왜 이탈리아만 되고, 우리는 안 되는가?"
"무엇이 다르고, 우리는 무엇을 바꿔야 하는가?"

그 매장은 단순한 상점이 아니었다. 벽지 색, 조명 각도, 진열 방식까지 모두 내가 직접 기획했다. 그 과정을 통해 나는 깨달았다.

'공간은 브랜드의 언어다'

말하지 않아도 브랜드가 무엇을 말하는지 보여줄 수 있다면, 그것은 성공한 공간이다.
매장은 단지 제품을 진열하는 장소가 아니라, 브랜드의 스토리를 말하는 '무언의 연출자'였고, 나는 그 스토리를 디자인하고 있었던 것이다.

그 실패가 내 전략이 되었다:
실패에서 얻은 다섯 가지 전략적 교훈

그러나 이 모든 실험은 오래가지 못했다.

1992년 봄, 회사는 자금난과 준비되지 않은 경영 구조 탓에 부도를 맞았고, 찰스허쥬니어의 실험은 그렇게 막을 내렸다.

하지만 나는 이 프로젝트를 단순한 실패 사례로 기억하지 않는다. 이 실험은 오늘날 K-패션 전략의 '원형'이자, 패션과 콘텐츠, 브랜딩, 유통, 글로벌 전략이 통합된 최초의 실험실이었다.

그리고 이 경험은 나에게 다섯 가지 전략적 교훈을 남겼다.

첫째, 브랜드의 정체성은 이름에서 문화까지 통합적으로 설계되어야 한다.

브랜드명 '찰스허'는 허병구 회장의 아들 이름에서 따온 것이지만, 단순한 작명이 아니었다. '패밀리 레거시'라는 문화적 상징이 담겨 있었다. 로고는 장수의 상징인 거북이를 모티브로, 당시로서는 이례적인 동물 심벌을 활용한 브랜딩 전략이었다. 광고 영상은 이후 K-팝 시대를 이끄는 대중문화 기획자인 이수만 프로듀서가 연출했다. 고요한 수면 위로 거북이가 등장하는 감성적 장면은 브랜드 철학을 감성 콘텐츠로 풀어낸 혁신적 시도였고, 이는 찰스허쥬니어가 단순한 의류 브랜드를 넘어 문화적 상징을 실험한 브랜드였음을 보여준다.

둘째, 글로벌 전략은 '동시 진행'이 아니라 '지역 맞춤형'으로 접근해야 한다.

찰스허쥬니어는 서울, 뉴욕, 홍콩에서 동시에 론칭되었다. 뉴욕은 MAGIC Show에서 홀세일 중심 전략, 서울은 스토리 중심의 브랜딩 전략, 홍콩은 관광 소비자 대상의 프리미엄 유통 전략을 구사했다.

이 전략은 지역의 특성과 소비문화를 반영한, 오늘날로 말하자면 '멀티로컬(Multilocal)' 전략의 선구적 모델이었다.

셋째, 디자인은 시각이 아니라, 전략 전체를 이끄는 CDO(Chief Design Officer)의 역할이다.

나는 단순히 옷을 디자인한 것이 아니라, 로고 개발, 상품기획, 패키지, 인테리어, 글로벌 수주 전략까지 총괄했다. 당시 "이번 프로젝트의 대표는 당신입니다"라는 말을 들을 정도였다. 디자인은 경영의 도구이자, 전략의 언어였다.

넷째, 브랜드는 감정을 매개로 소비자와 연결되는 '콘텐츠'가 되어야 한다.

이수만 프로듀서와 협업한 브랜드 영상은 현진영의 힙합 사운드와 브랜드 로고, 감성적 영상 연출이 결합된 미니 뮤직비디오 형식이었다. 이는 SM 세계관의 전신이기도 하다. 찰스허쥬니어는 패션과 음악, 감성이 만난 브랜드 콘텐츠의 원형이었다.

다섯째, 매장은 판매장이 아니라 브랜드 철학을 경험하는 '무대'다.

서울 가로수길과 뉴욕 그리니치빌리지의 플래그십 스토어는 단순한 상점이 아니라 브랜드의 감각과 세계관을 표현하는 '무대'였다. 매장은 브랜드의 언어였고, 고객과 브랜드가 만나는 감성의 장(場)이었다.

이 다섯 가지 교훈은 이후 내가 제일모직에 합류해 글로벌 전략을 수립하고, 브랜드 가치 중심의 경영을 실현하는 데까지도 나침반이 되어주었다.

"찰스허쥬니어는 실패했지만, 그 실패는 내 전략이 되었다"

[표8] 허병구 회장과 신한인터내셔날 – 앞서간 커머셜 전략가

신한인터내셔날은 1980년대 한국 패션 시장에서 가장 혁신적인 커머셜 전략을 시도한 기업이었다. 허병구 회장은 '앞서간 사람'이라는 수식어가 부족하지 않은 인물이었다. 그는 당시로서는 파격적인 글로벌 브랜드 도입 전략을 실행하며, 한국 패션 비즈니스의 외연을 확장했다.

'폴로랄프로렌', '베네통', '다니엘에스떼', '쉐비뇽', '피오루치', '엠포리오아르마니' 등 지금 들어도 쟁쟁한 브랜드들의 라이선스를 확보하며, 수입 비즈니스의 포문을 연 장본인이기도 하다. 특히 폴로는 수년간의 출장을 통해 직접 사정하고 설득해 따낸 라이선스였으며, 청담동에 선보인 '피오루치' 매장은 카페를 겸한 복합 공간으로 한국 리테일 문화의 선구적 사례가 되었다.

허 회장은 자신의 아들의 영어 이름을 따 '찰스허(Charles Heo)'라는 독자 브랜드를 런칭하며, 단순한 유통사업을 넘어 브랜드 창출에까지 도전했다.

돌이켜 보면, 신한인터내셔날은 논노가 내셔널 브랜드로 한국 의류사에 남았다면, 이쪽은 수입 패션 비즈니스의 역사를 연 존재였다. 그리고 허병구 회장은 그러한 실험들을 누구보다도 빠르게 감행한, 보기 드문 민간 주도형 글로벌 전략가였다.

- 신한인터내셔날의 찰스허쥬니어(Charles Hur junior) 브랜드 브랜딩 작업. 로고 버튼 제작을 통해 브랜드 아이덴티티를 제품의 세부 요소까지 녹여냈다.

● 찰스쥬니어 남성복 라인의 컬렉션 기획안. 실루엣, 컬러 팔레트, 소재감, 착장별 조합을 일러 스트로 구체화하여 시장과 브랜드 콘셉트 모두에 부합하도록 구성했다.

베네통과의 만남,
그리고 한국에서의 전략 실험

"브랜드는 상품이 아니라 언어다. 그리고 그 언어는
시장의 감각과 구조 속에서 비로소 작동한다"

세 번의 만남: 한 브랜드,
세 시기의 인연

베네통과의 인연은 무려 세 번이나 이어졌다. 1990년, 신한인터내셔날에서 루치아노 베네통 창업자와 직접 대면했던 첫 만남, 1992년 제일모직과의 수주 계약으로 코리아베네통에서 MD로 활동했던 두 번째 시기, 그리고 수년 후, 아트박스를 새로운 파트너로 발굴하고 협업 구조를 설계했던 세 번째 만남까지.

각각의 시기는 단순한 브랜드 협업이 아니라, 글로벌 브랜드가 한국 시장에 진입하고, 적응하며, 진화하는 여정을 직접 목격하고 개입했던 시간이었다.

첫 번째 만남은 잊을 수 없다. 이탈리아에서도 만나기 어렵다는 창업자 루치아노 베네통을 한국에서 직접 만났고, 나는 단순한 통역자가 아닌 '전략적 통역자'로 자리했다. 그의 철학과 브랜드 세계관을 한국 시장의 맥락에 맞춰 해석하고 설명하는 순간, 언어와 감각, 문화와 시장을 잇는 기획자의 역할을 스스로에게서 발견했다.

두 번째 시기에는 훨씬 더 실무에 가까운 자리에 있었다. 이탈리아 컬렉션의 흐름과 한국 소비자들의 감각 사이에서, 나는 그 간극을 조율하는 전략 MD로 일했다. 트렌드와 상품화, 스타일과 수익성 사이에서 나는 브랜드를 '판매 가능한 언어'로 전환하는 훈련을 했다. 감각은 전략이 되어야 시장에 도달할 수 있다는 사실을 체득한 시간이었다.

세 번째 만남은 또 다른 차원의 실험이었다. 나는 베네통의 새로운 한국 파트너로 아트박스를 제안했고, 이후 트레빌리오 본사에 직접 방문해 협업 모델을 설계했다. 그곳은 사무공간이라기보단 감성과 시스템이 공존하는 '유토피아적 브랜드 공동체'였다. 기하학적 구조의 건물, 잔디가 깔린 광장, 조형물과 자전거를 타는 직원들… 이탈리아 본사에서 나는 디자이너이자 전략가, 그리고 문화적 통역자로서 또 한 번 새로운 역할을 수행했다.

이 세 번의 인연은 단순한 브랜드 경험이 아니었다. 그것은 기획자에서 전략가, 전략가에서 구조 설계자로 성장해 가는 내 커리어의 결정적 순간들이었다. 베네통은 내게 가르쳐 주었다.

"전략은 사람과 문화, 감각과 시장을 잇는 일이다. 베네통과의 세 번의 만남은 내가 전략가가 된 과정 그 자체였다"

하버드 사례가 말하는
베네통의 전략적 정수

베네통은 단순한 패션 브랜드가 아니었다. 그것은 '구조 자체가 전략'인 기업이었다. 이 브랜드의 진가는 화려한 디자인이나 광고가 아닌, 1980년대 중반부터 운영된 ERP 시스템을 통한 전 세계 판매 – 기획 – 생산 – 배송에 이르는 통합 유통 프로세스의 혁신에 있었다.

1968년 이탈리아 북부 트레비소(Treviso)의 작은 마을 포자노(Ponzano)에서 시작된 베네통은 전통적인 가족기업이었다. 네 형제가 디자인, 마케팅, 생산, 경영을 분담해 회사를 이끌었고, 지역 협력공장을 기반으로 성장하며 결국 120개국 5천여 개의 프랜차이즈 매장과 20억 달러 매출을 기록하는 글로벌 브랜드로 도약[7]했다.

전성기였던 1991년, 베네통은 하버드 비즈니스 스쿨(HBS)의 대표

---

7) 20억 달러 매출은 2000년 기준 실적으로, 당시 베네통은 전 세계 120개국에 5천여 개 매장을 운영하며 전성기를 누렸다. 그러나 이후 브랜드의 정체성과 유통 전략 부재로 성장 부진이 지속되었고, 2024년 기준 매출은 약 8억 유로 수준으로 감소했고, 매장 수 역시 1,500개 이하로 줄어들었다(출처: Statista, Financial Times, Benetton Annual Report 2024).

사례로 소개되었다. 그 핵심은 바로 디자인과 유통, 생산이 유기적으로 분리되면서도 통합되어 있는 독특한 시스템 구조에 있었다.

첫째는 '분산형 도매 리테일 시스템(Decentralized Wholesale Retail)'이다.

베네통은 전 세계 7천여 개 매장을 직접 운영하지 않았다. 각국의 바이어는 이탈리아 본사 쇼룸이나 현지 총판(예: 베네통코리아)을 통해 시즌 컬렉션을 사전 확인한 후 주문했고, 본사는 이 사전 수주 수량만큼만 생산했다. 이 방식은 재고 리스크를 획기적으로 줄이며, 유통 효율성과 시장 반응 속도를 동시에 끌어올렸다.

나는 이 시스템 안에서 단순한 디자인 실무자가 아니라, 공급망 관리(SCM)의 논리를 이해하고 실행하는 전략가로 성장할 수 있었다.

둘째는 디자인과 생산의 철저한 분리다.

이탈리아 본사는 디자인과 기획을 전담하고, 생산은 포자노 지역의 200여 개 협력 공장에 외주를 주었다. 이는 고정비 부담을 최소화하는 동시에, 시장 변화에 민첩하게 대응할 수 있는 유연성을 확보한 전략이었다.

셋째는 기민한 글로벌 물류 시스템이다.

사전 수주 기반으로 생산된 물량은 이탈리아 중앙 물류 허브를 거쳐 각국 매장으로 신속하게 배송되었다. 이는 '디자인 → 주문 → 생산 → 배송'의 전 과정을 하나의 유기적 시스템으로 통합한 구조였다.

당시 한국의 패션 유통 구조는 이와는 대조적이었다. 본사는 위탁 생산 후, 전국 대리점에 일괄 납품하고, 모든 재고 리스크를 본사가 떠안는 방식이었다. 결국 시즌 말에는 대규모 할인에 의존할 수밖에 없었고, 이는 브랜드가 '가격 경쟁력'에만 매달리게 되는 구조적 한계를 만들었다.

베네통은 나에게 이렇게 말해주는 듯했다.

"글로벌 전략은 단지 상품이 아니라, 구조와 시스템이다. 유통 전략이 곧 브랜드 전략이다"

그들은 단지 옷을 파는 것이 아니라, '시스템을 설계'했고, 그 시스템을 통해 브랜드의 가치를 전 세계에 전달하고 있었다.

이 경험은 이후 내가 제일모직에 합류해 브랜드와 조직을 설계할 때까지도 전략적 감각의 기준점이 되어준 중요한 전환점이었다.

의외의 파트너십:
아트박스와 베네통의 만남

문구에서 패션으로, 그리고 오늘날의 F&F로

"문구회사가 베네통을 수입한다고요?"

베네통코리아가 새로운 파트너를 찾던 시기, 나는 문구 브랜드

'아트박스'를 추천받았다. 업계의 반응은 고개를 갸웃하는 분위기였다. 하지만 나는 이 조합이 오히려 정답일 수 있다고 판단했다.

그 이유는 단 하나—패션은 디자인이 아니라 유통이라는 진실을 베네통이 이미 증명하고 있었기 때문이다.

아트박스의 창립자 김창수는 1982년, 서울 이화여대 앞에서 작은 문구점을 열며 여정을 시작했다. 그러나 그는 단순한 문구상이 아니었다.

감성적인 일러스트, 독창적인 포장, 유니크한 매장 디자인을 통해 그는 문구를 '패션처럼 고르는' 경험으로 재구성했고, 소비자는 더 이상 단순 구매자가 아닌 '브랜드 경험자'가 되었다.

당시 한국 문구 시장은 브랜드 개념조차 희박했고, 학용품은 그저 낱개로 팔리는 수준이었다. 김창수는 그 틈을 문화로 채워 넣었다.

이를 위해 그는 감성적인 일러스트와 브랜드 경험을 전달할 수 있는 프랜차이즈망을 구축하고, 주 2회 이상 배송이 가능한 물류 시스템으로 소비자와의 접점을 촘촘히 만들었다. 특히 매장 전면에 구현된 VMD(Visual Merchandising) 전략과 소비자 감성에 대한 정교한 이해는, 내가 경험한 어떤 패션기업보다도 민첩하고 세련되었다.

나는 확신했다.

'베네통의 유럽 감성과 아트박스의 한국형 유통력, 이 둘이 만나면 놀라운 시너지가 날 것이다'

두 기업의 파트너십은 곧 현실이 되었고, 1992년 김창수 대표는 베네통의 글로벌 디자인과 아트박스의 국내 유통 감각을 결합해 패션 유통 사업을 본격화했다.

그 결과는 놀라웠다. 단 3년 만에 연 매출 1,200억 원을 돌파—당시로서는 상상하기 힘든 성공이었다.

이 경험은 아트박스가 'F&F(Fashion & Fashion)'라는 새 법인을 설립하는 계기가 되었고, 이후 'MLB', '디스커버리 익스페디션' 등 굵직한 브랜드를 국내에 안착시키며, 오늘날 연 매출 2조 원의 패션 유통 대기업으로 도약하게 했다.

이 여정은 단순한 브랜드 유통 계약이 아니었다.

'유통 전략이 브랜드 전략이 될 수 있다'는 사실을 한국 시장에 증명한 장면이었고, 한 사람의 문화 감각과 한 조직의 실행력이 글로벌 브랜드의 성공을 어떻게 좌우할 수 있는지를 보여준 대표적인 사례였다.

"F&F는 한국에서 가장 브랜드 감각이 강한 유통 전략 기업입니다. 그 출발점에는 문구와 패션이 만난 놀라운 인연, 베네통 파트너십이 있었습니다"

내가 배운 전략적 통찰: '기업 기반력'의 중요성

베네통은 한국에서 세 번의 파트너를 거쳤다. 신한인터내셔날, 제일모직, 그리고 아트박스.

나는 이 세 파트너의 비교를 통해 전략의 실행은 '구조와 사람의 궁합'에 달려 있다는 교훈을 얻었다:

- 신한인터내셔날은 뛰어난 국제 감각을 지녔지만, 자금력과 생산 운영 능력이 부족했다.
- 제일모직은 자금력과 생산력은 탁월했지만, 유통 중심 전략을 실행할 유연성이 부족했다.
- 반면 아트박스(F&F)는 상대적으로 자금력은 약했지만, 유통 감각과 소비자 인사이트, 디자인 실행력이 뛰어났다. 베네통이 강조하는 '사전 수주 기반의 유통 구조'를 실천할 준비가 가장 잘된 조직이었다.

결국 베네통과의 진정한 시너지는 아트박스에서 일어났다.
나는 이 과정을 통해 '전략은 단지 기획이 아니라, 기업 내부 기반력의 총합 위에 실현되는 것'임을 체득했다.

"전략은 사람과 조직의 궁합이다.
기업의 내재된 기반력과 나의 전략적 통찰이 만날 때,
가장 강력한 브랜드 성과가 만들어진다"

이 비교는 단지 파트너십의 우열을 나눈 것이 아니었다.
조직의 구조적 강점이 어떻게 전략 실행의 실질적 기반이 되는지를 보여주는 사례였고, 이후 내가 브랜드를 기획하고 파트너를 선택하는 기준에 있어 중요한 나침반이 되었다.

관찰에서 전략이 되고,
실행에서 브랜드가 완성된다

　　　　　아트박스와의 협업은 단순한 브랜드 유통 계약이 아니었다. 그것은 '유통 전략이 브랜드 전략이 될 수 있다'는 사실을 한국 시장에 증명한 사건이었다.

한 사람의 문화 감각과 한 조직의 실행력이 만났을 때, 글로벌 브랜드의 성공도 실현 가능하다는 것을 보여준 상징적 사례이기도 했다.

당시 대부분의 해외 브랜드 도입은 본사 제품을 그대로 수입해 판매하는 단방향 유통에 그쳤다. 하지만 아트박스와의 협업은 달랐다.

제품 기획, 매장 경험, 마케팅 전략, 소비자 감성까지 함께 설계한 전략적 파트너십이었다.

우리는 단지 브랜드를 '들여온' 것이 아니라, '한국 시장에서 베네통이 어떻게 존재해야 하는가'를 함께 디자인한 동반자 관계였던 것이다.

나는 현장의 제약과 가능성을 끊임없이 관찰했고, 그 속에서 전략의 씨앗을 발견했다.

그리고 실행 가능한 형태로 하나하나 현실화해 나갔다.

대표적 사례가 '사이즈 통합 라벨 + 도장 방식'이다.

이탈리아 본사는 유럽 내수용 기준에 따라 사이즈 및 품질 정보를 라벨에 일괄 표기했지만, 한국은 수입통관 및 소비자 보호 규정상, 개별 제품마다 사이즈와 품질 정보를 한글로 명시해야 했다. 그런데 수백만 개에 달하는 SKU(Stock Keeping Unit)에 대해 한국형 라벨을 개별 부착하거나, 제품 입고 후 다시 교체하는 것은 시간·비용·인력 면에서 불가능에 가까웠다.

그래서 나는 절충적 해법을 고안했다.

이탈리아에서 기본 정보가 인쇄된 통합 라벨을 제품에 미리 부착하고, 한국 물류센터에서는 입고된 후 각 사이즈와 품질 등급 정보를 도장으로 표시하는 이중 처리 방식이었다.

이 시스템은 세 가지 실질적 효과를 만들어 냈다.

- 자원 절약 시즌별로 동일 라벨을 재활용해 낭비를 줄였다.
- 업무 효율화 인력 작업을 간소화하고, 오류 가능성을 줄였다.
- 리드타임 단축 **빠른 입고·배송으로 시장 대응력을 높였다.

단순한 임시방편이 아니라, 양국 시스템 간 충돌을 전략으로 전환한 창의적 해결책이었다.

이 경험을 통해 나는 '현장형 전략가'가 갖춰야 할 감각이 무엇인지 체득했다.

또 하나의 사례는 브랜드 시각 이미지의 현지화 전략이다.

기존의 녹색 직사각형 쇼핑백은 청담동 소비자층에게는 다소 밋밋하게 느껴졌다. 나는 아트박스의 디자인 역량을 활용해, 다섯 가지 컬러의 정사각형 쇼핑백 시리즈를 기획했다.

서로 다른 크기와 색상을 가진 이 시리즈는 '베네통을 골라 담는 즐거움'을 소비자에게 선사했고, 과시 소비 욕구가 강한 고객층의 심리를 정확히 겨냥한 전략이었다.

결과는 놀라웠다. 쇼핑백은 청담동 패션니스타들의 상징 아이템이 되었고, 브랜드의 시각 언어를 감성적 경험으로 전환시키는 데 성공했다.

문구 전문기업이었지만 아트박스는 디자인 감각과 실행력을 겸비한 조직이었다. 나는 그 가능성을 전략으로 연결했고, 이 협업은 '브랜드란 무엇인가'에 대한 나의 인식을 근본적으로 변화시켰다.

그 결과, 나는 하나의 통찰을 얻었다.

브랜드는 단지 상품이 아니라 구조이며, 시스템이다.

제품 하나의 디자인을 넘어, 디자인, 유통, 물류, 소비자 감성, 공간 연출, 라벨, 쇼핑백까지—이 모든 요소가 유기적으로 통합되어야 비로소 브랜드는 완성된다.

그리고 나는 그때 처음으로 명확히 깨달았다.

"브랜드는 하나의 시스템이다. 감성과 유통, 조직과 디자인이 결합된 구조물이다"

- 베네통(Benetton)과의 세 번의 인연을 보여주는 자료들. 신한인터내셔날에서 진행했던 브랜드 로고 자수 작업, 제일모직에서 추진한 매장 전단지 제작, 아트박스와 함께한 '사이즈 통합 라벨' 개발까지—각기 다른 시기와 프로젝트에서 이어진 협업의 기록이다.

전략가의 옷을 입다
— 제일모직에서 시작된 또 다른 여정

"디자이너에서 전략가로, 패션에서 비즈니스로.
내게 삼성은 경계를 넘는 실험실이었다"

삼성 안에서 '세계'를 설계하다

1994년, 나는 뜻밖의 전화를 받았다. 베네통코리아 시절 인연을 맺었던 한 제일모직 MD가 조심스레 말했다.

"지금 제일모직에서 디자이너를 채용 중인데, 혹시 관심 있으세요?"

그 한 문장이 내 인생의 또 다른 국면을 열었다. 그렇게 나는 제일모직에 입사했다. 그러나 내 역할은 단순한 디자이너가 아니었다. 이곳은 단지 의류를 디자인하는 자리가 아니었다. 그것은 바로 '전략가의 옷'을 입는 첫걸음이었다.

당시 제일모직은 국내 굴지의 종합 패션기업이었지만, 삼성그룹 내에서 '패션'이라는 영역은 여전히 보조적 산업으로 인식되던 시기였다.

그런데 곧 삼성 전체를 뒤흔든 선언이 나왔다. 1993년, 故 이건희 회장은 "마누라 빼고 다 바꾸자"는 말로 대표되는 '신경영'을 선포했고, 그룹 전반에 체질 개선을 요구했다. 제일모직도 예외는 아니었다.

이건희 회장은 패션 사업을 더 이상 단순한 제조·유통업이 아니라, '브랜드를 통한 문화 산업'으로 재정의하려 했다.

"패션사업은 유명해져야 한다. 브랜드로 직접 돈을 벌기보다, 그 이미지로 산업 전체의 가치를 끌어올려야 한다"

이 말은 단순한 구호가 아니었다. 삼성 패션에 '산업의 얼굴'이 되라는 전략적 임무가 부여된 순간이었다. 그리고 나는 그 전략을 현장에서 구체화할 실무 담당자로 지목되었다.

이른바 삼성의 후광 효과 전략(Halo Effect Strategy)은 그렇게 시작되었다. '유명한 브랜드 하나가 그룹 전체의 이미지를 바꾼다'는 이 구상은 제일모직 내부에서 현실화되기 시작했고, 내가 참여한 일들은 단순한 디자인 업무의 범위를 훌쩍 넘어섰다.

디자인실에 몸담고 있었지만, 나는 기획 회의에 정기적으로 참석했고, 해외사업 전략실과의 협업도 늘어났다.

디자이너이자 조사자, 분석가이자 기획자.

이탈리아에서 체득한 미감, 베네통과 찰스허쥬니어에서 익힌 전략 감각이 비로소 '제도적 무대' 위에서 발휘되기 시작한 것이다.

내가 처음으로 맡은 과제는 '해외 디자이너 발굴 및 브랜드 제휴 타당성 보고서'였다.

나는 디자이너의 감각과 글로벌 인재 네트워크를 활용해, 삼성 내부 전략실과 실시간으로 소통하며 실질적인 자료를 만들고, 설득력 있는 기획안으로 발전시켰다.

보고서 하나가 수백억 원대 사업의 문을 여는 '전략의 열쇠'가 되었고, 전략 하나가 기업 전체의 이미지와 방향성을 좌우할 수 있다는 것을 실감한 순간이었다.

"처음엔 패션 보고서를 쓰는 게 어색했지만, 이제는 전략 보고서 없이 디자인을 논할 수 없게 되었다"

이 시기를 거치며 나는 단지 디자이너가 아닌, 삼성의 신경영 전략을 실현하는 '전략 실행가'로 거듭나고 있었다.

전략은 탁상공론이 아니었다. 보고서가 아니라 '현장의 언어'였고, 사람과 상품, 시스템과 문화가 맞물릴 때 비로소 작동하는 유기적 구조였다.

그리고 그 중심에는 언제나 '사람'이 있었다. 나 자신의 변화, 그리고 조직의 변화가 함께 진행되고 있었던 시기였다.

이제 나는 본격적으로 세 가지 전략 과제에 착수하게 된다.
그 첫 번째는 '글로벌 브랜드와 인재를 연결하는 일'이었다.

첫 번째 전략 과제:
글로벌 브랜드와 인재를 연결하다

1994년 12월, 故 이건희 회장은 '패션은 문화이며, 브랜드 사업이다'라는 메시지를 그룹 전반에 선언했다. 당시로서는 파격적인 인식 전환이었다. 산업을 문화로, 제품을 이미지로, 그리고 경영을 예술로 전환하라는 주문이었다.

그 말은 곧 제일모직으로 향했고, 나는 그 중책을 실무 현장에서 맡게 되었다.

> "조르지오 아르마니 같은 세계 최고급 여성복을 개발하라.
> 목적을 달성하기 위해 일류 디자이너를 물색해 합작하고, 브랜드는 그에게 전권을 주어 완전히 독립적으로 운영하라.
> 이 사업은 단기적 이익이 아닌, 기업 이미지와 문화 산업의 밑그림이 될 것이다"
>
> — 1994년 이건희 회장 글로벌 패션 비전 선언문

이 지시는 삼성의 '일류화 전략' 중에서도 패션 부문의 정체성을

완전히 바꾸는 전환점이었다. 40년 역사의 제일모직이 처음으로 '해외사업팀'을 신설했고, 그 팀의 실무 운영은 내게 맡겨졌다. 나는 곧 브랜드 제휴, 인재 발굴, 국제 파트너십 구축, 글로벌 포트폴리오 분석 등의 전략 업무를 수행하게 되었다.

첫 번째 임무는 유럽, 미국, 일본의 디자이너들과의 협업을 모색하고, 브랜드 정체성과 국내 시장의 접점을 분석하는 일이었다.

이것은 단순한 브랜드 수입이나 모방이 아니라, '이 브랜드가 한국 소비자와 어떤 문화적 대화를 나눌 수 있는가?'를 구조적으로 검토하는 일이었다.

"나는 브랜드의 정체성, 제일모직의 유통 구조, 삼성의 이미지 전략—이 세 가지를 어떻게 접합시킬 것인가를 매일 고민했다"

실제 수많은 디자이너와 브랜드와의 협상, 파트너십 제안서 작성 과정에서 베네통과 찰스허쥬니어에서 익힌 실전 경험은 커다란 자산이 되었다.

나는 글로벌 디자이너의 창의성과 동양적 미감, 한국 소비자의 감수성과 라이프스타일, 제일모직의 생산·유통 인프라를 입체적으로 조합해 전략 보고서를 만들었다.

보고서 하나, 기획서 하나가 수십억, 때로는 수백억 원 규모의 사업 방향을 결정짓는 무게를 지녔다. 전략 하나가 기업의 브랜드 가치뿐만 아니라, 삼성이라는 그룹 전체의 얼굴을 바꾸는 현실도 경험하게 되었다.

  이 과정은 단순한 브랜드 도입을 넘어, 내부 인재와의 연결, 조직 역량 강화, 그리고 공동 운영을 위한 체계적 기반 마련까지 포함한 전방위 과제였다.

  일류 디자이너는 단지 외부 전문가가 아니라, 제일모직 조직 전체에 창의성과 감각, 글로벌 문법을 이식해 주는 파트너였다. 그리고 나는 그 파트너십의 건축가였다.

"브랜드는 사람이고, 사람은 전략이다. 나는 브랜드를 수입하거나 복제하는 것이 아니라, 사람 간 신뢰와 비전으로 엮은 문화적 연결망으로 설계하고자 했다"

  이 경험은 내 커리어의 결정적 전환점이 되었다.
  나는 '전략가'라는 이름을 실무 속에서 자각했고, 이후 브랜드 혁신, 디자인 체계 구축, 인재 전략 실행이라는 다음 과제들에 대한 준비를 시작할 수 있었다.
  삼성 안에서 세계를 설계한다는 것. 그것은 곧 '브랜드'와 '사람'을 잇는 다리 위에 서는 일이었다.

두 번째 전략 과제:
디자인 혁신, 체계를 만들다

1996년, 삼성그룹은 '디자인 혁신의 해'를 선포했다. 그 선언은 단지 제품의 외형 개선에 그치지 않았다. 디자인을 기업 전략의 중심축으로 삼겠다는 의지였고, 그룹 전체에 걸쳐 창의력 중심의 체질 전환을 추진했다.

제일모직도 예외가 아니었고, 그 기획과 실행의 책임도 내게 주어졌다.

"다가올 21세기는 '문화의 시대'이자 '지적 자산'이 기업의 가치를 결정짓는 시대다. 디자인과 같은 소프트한 창의력이 기업의 소중한 자산이자 21세기 기업경영의 최후 승부처가 될 것으로 확신한다"

— 1996년 1월 이건희 회장 신년사

나는 먼저, 디자인의 '감각'을 '진단 가능한 체계'로 바꾸는 일부터 시작했다.

각 브랜드의 경쟁사를 벤치마킹하여, 당사 제품과 글로벌 선진 브랜드를 나란히 비교, 전시하는 '선진제품 비교 품평회'를 분기별로 정례화했다. 디자인의 외형은 물론, 감성 품질, 소재 감촉, 제품 완성도, 봉제 마감까지 다층적인 항목별 평가 지표를 만들어 디자인 품질을 객관적으로 수치화했다.

"비교 없는 전략은 감각이고, 진단 없는 혁신은 구호에 불과하다"

기존에는 디자인을 주로 디자이너의 개인 감각에 의존하거나, 시장에서의 판매 성과에단 반응하는 식이었다. 나는 이 틀을 깨고자, 재무·마케팅·생산·영업팀을 품평회에 함께 참여시키는 전사적 디자인 전략 진단 체계를 구축했다.

그 결과 디자인 품질이 브랜드 인지도, 매출, 재고 회전율 등과 어떻게 연결되는지를 정량적으로 설명할 수 있는 구조를 만들었다.

이 시스템은 곧 '디자인은 조직의 역량'이라는 인식의 전환을 일으켰고, 디자이너들도 자신이 만든 제품이 시장 안에서 어떤 가치를 창출하고 있는지 스스로 분석할 수 있게 되었다.

나는 여기에 그치지 않고, '디자인 성과 평가 지표(DKP, Design KPI)'를 설계했다.

시즌별 품평회 데이터를 기반으로, 브랜드별 품질 개선 로드맵과 비용 최적화 전략을 수립했고, 디자인을 단순히 '예쁘다'로 평가하는 단계를 넘어 '경영의 언어'로 번역하는 작업을 이어갔다.

이 시기는 내게 있어 디자이너로서의 감각과 전략가로서의 사고가 융합되는 훈련의 장이었다.

디자인은 이제 '창조의 산물'이 아닌, 기업이 고객에게 제안하는 전략적 선택지가 되었고, 이 철학은 이후 제일모직의 브랜드 평가 시스템, 글로벌 브랜드 협업 구조 설계로까지 확장되었다.

세 번째 전략 과제:
글로벌 인재 시스템을 설계하다

"21세기엔 한 명의 천재가 10만 명을 먹여 살린다"
— 이건희 회장, 2002년 이건희《동아일보》인터뷰

이번 과제는 제일모직 패션 부문의 글로벌 인재 육성 및 평가 시스템을 새롭게 설계하는 일이었다. 단순한 HR 제도의 개선이 아니라, 전략적 인재 경영을 실무 현장에서 구현하는 프로젝트였다. 당시 삼성은 그룹 차원에서 글로벌 경영을 본격화하던 시기였고, 패션 사업 또한 '사람 중심 경영'을 어떻게 실천할지를 묻고 있었다.

나는 먼저 질문을 던졌다.

"패션산업에서 핵심 직무는 무엇인가?"

브랜드 디렉터, MD, 디자인 리더, 해외 전략가 등 각 직무의 중요성과 핵심역량을 규정하는 작업부터 시작했다. 이후 삼성 타 계열사의 HR 제도와 미국·유럽 패션기업의 리더십 모델을 비교 분석하며, 하나의 종합적 프레임을 도출했다.

그렇게 탄생한 것이 바로 '글로벌 패션 인재 평가모델'이었다.

이 모델은 직무별 핵심성과지표(KPI)와 행동역량 기준(Behavioral Index), 그리고 장기육성 경로를 통합해 하나의 교육시스템으로 설계되었다.

　이 시스템은 이후 리더 육성 프로그램, 팀장 승진평가, 해외 연수 대상자 선발 등 전반적 인재 전략에 활용되었다.

　"인재는 자원이 아니라 전략이다. 전략이 실현되기 위해서는, 반드시 그 철학을 몸으로 구현할 사람이 필요하다"

　또한 나는 단기적 성과 위주의 평가지표가 아닌, 창의성, 문화 감도, 팀워크, 지속적 자기계발 역량 등을 종합적으로 반영한 '소프트 인재 평가 시스템'을 도입했다. 특히 디자인 리더나 글로벌 브랜드 협업을 수행하는 전략가에게 이 기준은 실질적인 리더십 개발 가이드가 되었다.
　이 프로젝트는 단순히 인재 프로그램을 기획하는 수준이 아니었다. '조직 전략'과 '개인 내면'이 만나는 구조를 설계하는 일이었다.
　이 경험은 이후 내가 기업 컨설턴트이자 교육 설계자로 활동하는 데 결정적 기반이 되었다.

　"사람이 곧 전략이다. 그리고 그 전략은 실행되지 않으면 아무것도 아니다"

디자이너, 리서처, 전략가:
3개의 얼굴

이 시기의 나는 어느 하나의 '직책'으로 설명되지 않는 존재였다.

디자이너로 입사했지만, 내가 수행한 역할은 훨씬 더 복합적이었다. 기획자, 전략가, 리서처, 보고서 작성자, 글로벌 네트워커, 브랜드 큐레이터…

제일모직 안에서 나의 정체성은 단일한 직무가 아니라, '경계를 넘나드는 실천자'로 자리 잡고 있었다.

하루의 일과는 다층적이었다. 아침에는 글로벌 디자이너와 화상 미팅, 오후에는 선진제품 비교 품평회를 기획하고, 저녁에는 브랜드 전략 보고서를 정리했다.

이탈리아 현장에서 체득한 컬렉션 감각, 베네통에서 익힌 유통과 로컬라이징 전략, 찰스허쥬니어 런칭을 통해 쌓은 브랜드 기획의 실전 감각—All in one으로 작동되던 시기였다.

이 모든 경험은 나를 '하이브리드형 전략가'로 성장시켰다.

보고서를 쓰면서도 늘 스케치북을 옆에 두고 디자인을 구상했고, 소비자 분석 데이터를 읽으면서도 트렌드 키워드를 조합하며 이중적 사고를 훈련했다. 한쪽 뇌로는 '왜 이 제품은 팔리는가?'를, 다른 쪽 뇌로는 '이 디자인은 무엇을 말하는가?'를 동시에 탐색했다.

"나는 실험실에서 모델을 구상하고, 매장 진열대를 보며 전략을 설계했다. 책상과 매장이 하나의 선 위에 존재했다"

그 결과, 나는 삼성 내부에서 '지식형 디자이너', '조사형 전략가', '문화형 리더'라는 별칭을 얻기도 했다. 감성과 분석, 기획과 실행, 디자인과 리서치의 교차점에서 일했던 이 시기야말로 내 커리어의 가장 결정적인 전환점이었다.

이 경험은 이후 내가 산학협력 프로젝트, 정책연구 수행, 브랜드 컨설팅, 교육 프로그램 운영 등 다양한 경로로 이어졌고, '전략의 언어'와 '디자인의 감각', '데이터의 시선'과 '사람의 감정'을 통합하는 나만의 종합 감각을 정립하는 데 결정적 기반이 되었다.

"브랜드는 단지 상품이 아니라, 하나의 전략이다. 그리고 전략은 결국 사람과 문화, 방향성의 문제다"

지금 돌아보면, 나는 단지 옷을 만든 것이 아니다. 미래를 입히는 구조를 만들고, 사람을 전략으로 연결하고, 디자인을 경영의 언어로 번역하는 훈련을 하고 있었다.

그리고 이 모든 것이 가능했던 무대—그 플랫폼이 바로 제일모직이었다.

나는 그 안에서, 나만의 전략가의 옷을 한 벌 완성하고 있었다.

| 4장 |

전략은 실행될 때 문화가 된다

브랜드, 사람, 조직을 연결하는 실천의 기술

"전략은 꿈이 아니다.
실행될 때 비로소 힘이 된다"

토머스 에디슨(Thomas Edison, 미국 발명가)

브랜드 인수
— 파멜라 데니스(Pamela Dennis)

"우리는 1억 달러짜리 브랜드를 사오는 대신,
100억 가치의 관계를 만들기로 했다"

대기업 인수보다,
창의적 실험을 선택하다

　　　　1994년 12월, 제일모직은 이건희 회장의 '일류화 경영' 지침 아래 패션 사업에서도 세계 수준의 브랜드 도입과 글로벌 디자이너와의 협업을 과제로 부여받았다.

"패션은 단지 상품이 아니라, 이미지로 미래 가치를 설계하는 산업이다"
"조르지오 아르마니와 같은 최고급 여성복을 개발하여 사업하라. 세계 일류 디자이너를 발굴하여 합작 사업을 추진하고, 기존 사업과는 독립적으로 운영하라"

이 회장의 지시는 단지 브랜드 하나를 도입하라는 명령이 아니었다. 그것은 한국 패션산업이 글로벌 시장에서 어떤 위상을 가질 수 있는지를 실험하는 고차원의 전략적 시도였다.

그 전략의 연장선상에서 우리는 미국 뉴욕의 고급 여성복 디자이너 브랜드 'Pamela Dennis'를 인수하게 된다. 당시 나는 해외사업팀의 책임자로서 전체 인수 전략, 지분 구조 설계, 투자 시뮬레이션, 브랜드 구조 개편까지 총괄 기획을 맡았다. 이 프로젝트는 제일모직이 처음으로 외국 디자이너 브랜드를 인수한 사례로, 삼성 패션의 글로벌 이미지 전략의 서막이었다.

검토 대상으로 삼았던 브랜드는 Pamela Dennis 외에도 루이스 델올리오(Luis De Il'Olio), 리처드 타일러(Richard Tyler), 배즐리 미슈카(Badgley Mischka), 욜리(Yolly), 안나수이(Anna Sui), 강진영 디자이너, 앤 클라인(Anne Klein) 등 다양했다. 이들 브랜드를 평가하면서 나는 다음의 전략 지표를 중심으로 보고서를 구성했다.

- 디자이너의 브랜드 파워 및 시장 인지도
- 유통 채널의 다양성과 백화점 입점 여부
- 성장 가능성과 기업가 정신
- 라이선스/지분 투자/합작 형태의 유연성

Pamela Dennis는 니먼 마커스(Neiman Marcus), 버그도프 굿맨(Bergdorf Goodman), 삭스 피프스 애비뉴(SAKS Fifth Avenue) 등 미국 최고급 백화점에 입점되어 있었고, 뉴욕 패션의 심장부인 7번가(7th Avenue) 550빌딩에 본사를 두고 있었다. 도나카란(Donna Karan), 랄프로렌(Ralph Lauren), 오스카 드 라 렌타(Oscar de la Renta) 등 세계적 브랜드가 입주한 그 빌딩에서, Pamela Dennis는 확실한 전략적 입지를 보여주었다. 특히 일본계 미국인 투자자이자 여성복 전문가인 토미오 다키(Tomio Taki) 회장[8]의 강력한 추천이 결정에 큰 영향을 미쳤고, 이는 삼성그룹 비서실까지도 반영되었다.

1억 달러 인수?
아직은 무거웠다

1995년, 내가 담당했던 Anne Klein 브랜드 인수 검토는 글로벌 진출의 상징성과 함께, 그룹 내부에서도 주목받던 안건이었다.

---

[8] 토미오 다키(Tomio Taki)는 서양 패션을 일본에, 또 미국 패션을 전 세계에 전파하며 패션 산업에 큰 영향을 미친 일본계 미국인 사업가다. 1980년대부터 삼성그룹의 자문역을 맡았으며, 1973년 뉴욕에 다키요사(Takihyo Inc.)를 설립한 뒤, Anne Klein & Co.를 인수해 글로벌 브랜드로 성장시켰다. 1985년에는 디자이너 도나 카란의 재능을 발굴·지원하기 위해 Donna Karan Company를 설립했고, 이 브랜드는 이후 미국 패션계의 주요 성장 동력이 되었다.

Anne Klein은 미국 중고가 여성복 시장을 대표하는 브랜드였고, 국내 기업들의 선망 대상이었다. 하지만 제안된 인수금액은 1억 달러에 달했고, 이는 단순한 브랜드 매입을 넘어 글로벌 경영역량 전체를 요구하는 중대 과제였다.

삼성그룹 내에서도 찬반 의견이 갈렸다. "브랜드 파워를 사 올 것이냐, 키워갈 것이냐?"는 질문은 삼성 패션의 철학과 미래를 좌우할 중요한 분기점이었다. 나는 제일모직의 실행 역량과 투자 여력을 기반으로 다음과 같은 결론을 내렸다:

"Anne Klein과 같은 세계적 브랜드를 인수해 단기간에 글로벌 진입을 도모할 수는 있습니다. 그러나 해당 브랜드는 1990년대 이후 사업 침체기를 겪고 있으며, 최고급 여성복을 지향하는 그룹의 방향성과는 괴리가 있습니다. 제일모직이 추진해 온 '적정 규모의 일류화 사업'이 더 전략적으로 적합합니다"

이 결정은 재무적 판단 이상의 의미를 지녔다. 우리는 이름값에 현혹되지 않고, 진정으로 함께 성장할 수 있는 브랜드를 찾았다. 그 결과 선택된 것이 바로 Pamela Dennis였다. 브랜드의 성장 잠재력, 창의성, 유연한 파트너십 구조, 그리고 '삼성이 꿈꾸는 여성복 미래상'과의 전략적 일치가 있었다.

기회이자 한계였던
안나수이(Anna Sui)

당시 내가 개인적으로 가장 애착을 가졌던 브랜드는 Anna Sui였다.

1990년대 중반, 아시안 여성 디자이너로 미국 주류 패션계에서 자리잡은 그녀의 존재는 나에게 큰 영감을 주었다. 레트로 감성, 문화적 상징성, 비주류적 아름다움은 내가 이탈리아에서 경험한 예술성과 맞닿아 있었다.

나는 그녀의 세계관이 한국에서도 충분히 통할 수 있다고 확신했지만, 내부 결정은 달랐다. 안나수이는 '예술성은 뛰어나나 경영 기반이 약하고, 삼성의 보수적 이미지와 맞지 않는다'는 판단 아래 배제되었다.

지금 같으면, 나는 더 강하게 밀어붙였을지도 모른다. 그녀는 단지 브랜드가 아니라, 감각의 상징이자 문화를 앞서 제시한 인물이었기 때문이다.

한편, 같은 시기 삼성물산은 '후부(FUBU)'라는 스트리트 브랜드에 투자했다. 당시 생소했던 흑인 문화 기반 브랜드였지만, 이 선택은 향후 한국 스트리트웨어의 초석이 되었다. 이 대조적인 사례는 내게 중요한 통찰을 남겼다.

"브랜드는 문화이며, 전략은 감각을 품어야 한다"

기획하는 M&A,
관계 중심 전략의 탄생

Pamela Dennis 인수는 단순한 브랜드 도입이 아닌, 한국 패션기업의 글로벌 전략을 새롭게 설계한 실험이었다. 많은 기업이 유명 브랜드의 이름값에 의존하던 시기에, 우리는 그 이름이 아닌 브랜드의 구조와 전략적 유연성에 주목했다.

Anne Klein처럼 대형 브랜드를 인수하는 방식보다는, Pamela Dennis처럼 함께 성장할 수 있는 브랜드와의 관계 중심 전략이 우리에게 더 맞는 선택이었다. 이 판단은 보수적으로 보일 수 있었지만, 장기적으로는 선구적인 전략적 선택이었다.

"브랜드의 가치란, 이름이 아니라 구조에 있다. 그리고 구조는 관계를 통해 작동한다"

당시 내가 남긴 전략 보고서의 결론은 이렇다:
"유명 브랜드를 인수하는 것으로는 더 이상 시대를 이끌 수 없다. 브랜드 구조를 이해하고, 유통과 생산, 인재까지 통합해 성장할 수 있는 모델을 함께 설계해야 한다"

이 전략은 다음과 같은 세 가지 핵심 인사이트를 남겼다.

- 브랜드 네임보다 구조와 실행 전략이 중요하다.

- 비용 중심 전략에서 관계 중심 전략으로의 전환이 필요하다.
- 기획형 M&A를 통한 공동 성장을 가능하게 하는 구조를 설계하라.

Pamela Dennis는 단지 하나의 브랜드가 아니었다. 그것은 삼성의 패션 전략이 '감각과 창의성, 그리고 구조화된 실행' 위에서 작동할 수 있음을 보여준 첫 실험장이었다.

[표9] 〈보도자료〉 제일모직, 미 고급 의류 업체 파멜라데니스사 인수

제일모직(대표 유현식)은 미국의 고급 여성복 디자이너 의류업체인 파멜라 데니스사의 지분 85%를 인수, 의류사업의 세계화를 본격적으로 추진한다고 12일 발표했다.

제일모직은 지난 11일 뉴욕에 있는 파멜라데니스 본사에서 유현식 대표이사와 파멜라데니스 씨 양사 관계자들이 참석한 가운데 '회사인수 조인식'을 갖고 사업의 세계화를 위해 양사가 긴밀히 협력해 나가기로 합의했다.

파멜라데니스는 미국 내에서 새로이 부상하고 있는 고급 여성복 유망 디자이너로 앤 클라인과 도나카렌 등이 수상한 바 있는 '더 골드코스트패션 어워드'를 91년 수상했다고 제일모직은 밝혔다.

그동안 미국 상류 소비자층을 대상으로 고급 이브닝웨어 사업을 전개해 왔는데 주요 고객으로 클린턴 대통령 부인인 힐러리 클린턴 모델 신디 클로포드 영화배우 데미 무어 등이 있다고 덧붙였다.

제일모직은 2~3년 전부터 이건희 회장의 강한 의지에 따라 여성복 부문 일류화 전략을 수립하고 프랑스 이탈리아 미국 등지의 유명 디자이너 30~40명을 대상으로 인수를 타진해 오다 최근 여성복 및 간이복 트렌드의 중심이 점차 미국으로 옮겨가고 있는 점을 감안, 최종적으로 파멜라데니스사를 인수했다고 설명했다.

출처: 《한국경제신문》, 1996. 11. 12.
(https://www.hankyung.com/article/1996111201371)

라이선스 제휴
— 신시아 로리(Cynthia Rowley)

"브랜드는 만들 수 있다. 그러나 지적재산권 없이
성장한 브랜드는, 언젠가 사라진다"

신시아 로리와의 만남:
전략의 기회

'패션 일류화 사업'에서 파멜라 데니스 브랜드를 중심으로 글로벌 고급 여성복 시장에 진출하는 전략이 구체화되던 시점, 미국 뉴욕에서 빠르게 주목받던 신진 디자이너 Cynthia Rowley가 우리의 전략적 시야에 들어왔다. 그녀는 미국식 캐주얼 감성에 개성과 위트를 더한 디자인으로 20~30대 여성층을 사로잡았고, 아시아 시장과도 정서적으로 절묘하게 맞아떨어졌다.

우리는 Cynthia Rowley 브랜드의 라이선스를 통해 제일모직이 전통적으로 약했던 영캐주얼 여성복 시장에 진입하고자 했다.

그녀의 뉴욕 쇼룸을 직접 방문해 제품을 확인하고, 디자이너 본인과의 면담을 통해 장기적 비전을 공유했다. 핵심은 단순한 라이선스 계약이 아니라, '아시아 지역 공동 브랜드 확장 파트너'라는 개념의 전략적 동맹이었다.

> "미국과 유럽은 신시아 로리 측이, 아시아는 제일모직이 리드하되, 전 세계적 브랜드로 키우는 공동 주체가 되자"
>
> — 당시 협약안 중에서

제일모직은 1997년 춘하 시즌 론칭을 목표로 브랜드 전략을 수립했고, 이는 국내 최초의 럭셔리 영캐주얼 브랜드를 지향하는 새로운 도전이었다. DKNY, 폴로 랄프로렌(Polo Ralph Lauren), 엠포리오 아르마니(Emporio Armani) 등과 어깨를 나란히 하는 것을 목표로 한, 한국형 라이선스 전략의 야심작이었다.

빠른 성장과
시장 반응

Cynthia Rowley는 출시 직후 백화점 중심의 젊은 여성 고객층에게 폭발적인 반응을 얻었다. 당시 국내 여성복 시장에서는 보기 드물었던 '자기표현적 감성 캐주얼' 콘셉트가 소비자에게 신선하게 다가왔고, 그 감성은 지금으로 말하면 MZ세대의 라이프스타일과도 통하는 지향성을 지녔다.

　내부 평가 또한 긍정적이었다. "이 브랜드는 제일모직의 여성복 DNA를 바꾸는 계기"라는 말이 나올 정도로, 제품 퀄리티, 디자인 충실도, 브랜드 커뮤니케이션 등에서 높은 완성도를 보였다. 라이선스 브랜드임에도 불구하고 소비자의 신뢰를 확보했다는 점에서 전략적 의미가 컸다.

　특히, 제품 라인업에서 기존 국내 캐주얼 브랜드들이 다루지 않던 여성스러운 실루엣과 장식 요소들이 차별화된 포인트로 작용했다. 세련되지만 과하지 않은 디테일, 위트 있는 프린트, 여유 있는 핏의 조화는 직장인 여성뿐 아니라 대학생, 신혼부부층까지 다양한 연령대의 여성을 끌어들였다.

　또한, 당시 신세계·롯데·현대백화점 유통망과 협력하여 주요 점포에 빠르게 입점했으며, 광고보다는 매장 VMD와 룩북 중심의 브랜드 경험 마케팅을 펼쳤다. 이는 브랜드 이미지에 대한 소비자의 몰입을 유도하고, 라이프스타일 브랜드로서의 인지도를 높이는 데 크게 기여했다.

　초기 기획팀에서는 신제품 회의 때마다 뉴욕 본사 쇼룸의 감도 높은 컬렉션 사진을 분석해 트렌드 키워드를 정리하고, 이를 기반으로 국내화 작업을 거친 디자인 개발을 이어갔다. 이러한 글로벌 감성과 현지 기획의 결합은, 기존 국산 여성복 브랜드와의 확실한 차별성을 만들어 냈다.

무엇보다 브랜드 충성도가 매우 높았다는 점에서 주목할 만하다. 당시는 아직 온라인 쇼핑이 보편화되지 않은 시기였지만, 고객들의 재구매율과 매장 방문 빈도는 예상을 웃돌았고, 브랜드 팬덤을 형성한 초창기 사례로 기록될 수 있을 정도였다.

그러나 브랜드보다
더 중요한 것, 상표권

"브랜드가 성장할수록, 상표는 기업의 생존과 직결된다"

신시아 로리 프로젝트의 가장 큰 위기는 상표권 이슈에서 비롯되었다. 계약 초기부터 '신시아(Cynthia)'와 '신시아 로리(Cynthia Rowley)' 간의 상표등록 가능성에 대한 우려가 제기되었고, 법무팀은 이를 '51:49로 승소 가능성 있음'이라 판단했지만, 인명은 일반명사와 달라서 법적 불확실성이 컸다.

제일모직은 브랜드 인지도 상승 가능성을 근거로 사업을 강행했고, 실제로 Cynthia Rowley 브랜드는 빠르게 시장에 안착했다. 그러나 국내에서 브랜드 가치가 급등하자, 제삼자가 미리 등록한 '신시아' 상표로 인해 상표 침해 주장이 제기되었고, 이는 기업 이미지 훼손은 물론 중국 진출 계획에도 치명적 장애가 되었다.

당시 우리는 중국 진출을 위한 시장조사와 전략을 준비 중이었고,

디자이너 측도 이를 환영하던 중이었다. 특히 동아시아 전역을 아우르는 라이선스 전개 계획, 패션쇼 공동 개최, 콜라보 제품 기획 등 여러 가능성을 현실화하는 단계에 있었다. 하지만 상표권 분쟁은 글로벌 전략 전반을 중단시키는 결과를 초래했다. 해외 바이어와 투자자 역시 법적 불확실성을 우려하며 파트너십 검토를 보류했고, 예상치 못한 리스크가 전략적 전환을 가로막은 셈이었다.

법률적 분쟁이 시작되자, 브랜드 내에서도 내부 커뮤니케이션에 어려움이 생겼다. 매장 직원과 본사 영업팀, 유통 바이어 간의 신뢰가 흔들렸고, 소비자 클레임도 점차 증가하였다. 브랜드 이미지가 성장의 동력이 되었던 만큼, 브랜드 신뢰가 흔들리는 순간 사업 전반에 악영향을 미쳤다.

결국 제일모직은 상표권 리스크를 이유로 브랜드 철수를 결정했고, 이는 '브랜드 성공'과 'IP 인프라'가 동전의 양면이라는 교훈을 남겼다. 당시는 '기획이 곧 브랜드'였던 시절이었지만, 그 기획의 뿌리가 법적 권리에 의해 흔들릴 수 있음을 처음으로 경험한 사건이었다.

전략의 핵심:
지적재산권

신시아 로리 사례는 브랜드 전략의 중심이 단순한 기획이 아니라, 지적재산권(IP)이라는 구조적 기반 위에 있어야 함을 일깨워 주는 결정적 사례였다.

이는 1990년대 국제 패션계에서 유명했던 Gucci vs. Paolo Gucci의 상표 분쟁을 떠올리게 한다. 이름 하나, 단어 하나가 수천억 원의 가치를 좌우하는 시대가 도래한 것이다.

오늘날 한국 패션 브랜드들이 해외 시장에 진출하면서, 상표권 분쟁이라는 보이지 않는 장벽에 부딪히는 일이 빈번해지고 있다. 특히 중국, 동남아 등 신흥 소비 시장에서는 현지 상표 선점자들이 K-브랜드의 명칭을 미리 등록한 뒤, 오히려 해당 브랜드 본사의 진출을 막는 일이 벌어지고 있다.

실제로 '널디(Nerdy)'는 중국에서 상표를 선점당해 법적 소송을 벌여야 했고, 'MLB' 브랜드를 전개하는 F&F 역시 중국 기업과의 분쟁을 통해 어렵게 권리를 되찾은 바 있다. 무신사 스탠다드와 마뗑킴(Matin Kim) 역시 중국 내에서 자사 브랜드의 상표권을 제삼자가 선점한 정황이 포착되었다.

이러한 문제는 상표 선등록 없이 성장에만 집중한 결과이며, 사후 대응보다는 선제적 권리 확보가 무엇보다 중요한 경고 신호다. 브랜드가 글로벌을 지향할수록, 상표권은 브랜드의 시작이자 종착점이며, IP 전략 없이 추진되는 확장은 사상누각에 불과할 수 있다.

[표10] 〈보도자료〉 제일모직, 여성복 새 브랜드
내년 첫선/신세대 취향 '신시아로리'

제일모직(대표 유현식)이 전략적 제휴브랜드인 '신시아로리'를 통해 여성복 시장에 도전한다. 제일모직 최근 제품설명회를 갖고 내년 춘하 시즌부터 '신사이로리' 브랜드의 본격적인 영업을 전개, 현재 국내 여성복 시장에서 양분되어 있는 디자이너 캐릭터군과 영캐주얼군의 틈새시장을 공략할 계획이라고 밝혔다.

제일모직은 이를 위해 대형 직영점과 함께 전국 패션전문점, 백화점 등 패션중심가에 13개의 대장을 개설, 출범 첫해 80억 원을 매출을 올릴 계획이라고 밝혔다.

이번에 선보이는 신시아로리 브랜드는 지난 9월 마스터라이센스 계약 체결을 통해 제일과 제휴한 미국 내 차세대 디자이너로 급부상하고 있는 신시아로리의 동명 브랜드. 제품 콘셉트는 고품질과 함께 차별화된 구매환경을 중시하는 20대 신세대 여성의 취향에 맞춰 단순함, 귀여움, 재미, 즐거움을 테마로 하고 있다.

출처: 〈서울경제〉, 1996. 12. 19.
(https://www.sedaily.com/NewsView/1HTQSCK0LQ/GC0000)

독점 수입
— 이세이 미야케(Issey Miyake)

"이세이 미야케를 수입한다는 것은,
옷을 파는 것이 아니라 미학을 파는 것이다"

철학을 유통하다:
이세이 미야케 전략의 시작

　　　　　1990년대 후반, 제일모직은 패션 사업의 글로벌 전략 다각화를 시도하던 시점에서 '수입 브랜드 전략'을 본격적으로 실현하게 되었다. 이는 단순히 외국 브랜드의 상품을 판매하는 것을 넘어, 그 브랜드가 지닌 철학과 문화적 맥락까지 국내 시장에 이식하는 시도였다.

　그 대표적인 브랜드가 바로 일본의 전설적인 디자이너 브랜드, Issey Miyake였다. 이 브랜드를 처음 도입하자고 했을 때, 내부의 반응은 대체로 회의적이었다. "사업성이 부족하다", "소수 마니아만 사는 옷이다"라는 반대 의견이 많았다. 그러나 나는 달랐다. 나는 디자이너였다. 디자이너는 디자이너를 알아본다. 나는 Issey Miyake가 가진 예술적 우위성이야말로 한국의 최고 소비자, 그들의 우월적 취향과 자부심을 자극할 수 있다고 보았다.

"모두가 실패를 말할 때, 나는 이 브랜드의 미학이 최고 소비자의 마음을 움직일 것이라 믿었다"

솔직히, 개인적으로도 이 브랜드는 내게 선망의 대상이었다. 파리 컬렉션을 통해 간접적으로 접했던 Issey Miyake의 옷을, 한국에서 '내 손으로 들여오게 된다'는 사실만으로도 나는 깊은 감격을 느꼈다. 실무자 이전에 한 명의 디자이너로서, 나는 그 브랜드가 보여주는 감각의 언어, 구조의 미학, 움직임의 시를 누구보다 먼저 알아봤다고 자부한다. 그리고 그것이 결국 전략이 되었다.

이러한 감각적 확신과 기획 논리를 접목시켜, 제일모직은 브랜드의 철학을 국내에 이식할 수 있는 수입 전략을 본격적으로 기획하게 되었다. 그리하여 단순한 상품 판매가 아닌, 문화 수입의 출발점이 되는 새로운 모델을 탄생시킨 것이다.

브랜드 철학을
시장 언어로 바꾸다

　　　　　　Issey Miyake는 단지 패션 디자이너가 아니라, 하나의 철학체계였다. 그의 디자인은 동양적 절제미, 기술 기반의 구조적 실험, 기능성과 예술성의 결합으로 상징되었다. 나는 이 브랜드를 단순한 해외 수입 브랜드가 아닌, '예술이자 콘텐츠'로 받아들였다. 특히 1990년대 이후 그의 'Pleats Please(플리츠 플리즈)' 라인은 고유의 주름 기법과 구조적 실루엣으로 세계적으로 주목을 받았다.

　나는 그 브랜드의 잠재력을 국내에 적극적으로 알리고자 했다. 다만 이 브랜드는 해외 브랜드 인수(M&A)도, 라이선스 전개도 허용하지 않았다. 오직 '독점 수입(Exclusive Importer)' 형태로만 사업이 가능했다. 그렇기에 더 전략이 중요했다. 단순 수입상이 아닌, 브랜드 철학을 이해하고 시장에서 창조적으로 전개할 파트너여야 했다.

　당시 우리는 단가나 원가, 수익성보다 더 중요한 기준을 설정했다.

"이 브랜드가 한국 소비자의 미적 경험을 어떻게 바꿀 것인가?"
"우리는 이 브랜드와 함께 어떤 문화를 유통할 수 있을 것인가?"

이 같은 질문을 전략의 출발점으로 삼았다.

　그래서 나는 도입 전략의 핵심을 '문화 기반 수요층'을 중심으로 한 초기 고급 고객층의 형성으로 선정했다. 우리는 미술관 큐레이터, 패션과 교수, 연극·영화인 등 문화계 핵심 여성층을 대상으로 '명예대사 프로그램'을 운영하고, Pleats Please의 착용감과 미학을 강조한 감성 마케팅을 전개했다.

또한, 매장 인테리어와 진열 방식에서도 기존 패션 브랜드와는 차별화된 철학적 스토리텔링을 시도했다. 옷을 단순히 상품으로 디스플레이하는 것이 아니라, 주름 하나, 실루엣 하나에 담긴 의미를 시각적으로 해석해 내는 전시형 브랜딩이 시도되었다.

패션과 예술의 경계를 허무는 '문화 콘텐츠'형 마케팅 시도

우리는 Issey Miyake 브랜드의 국내 론칭을 통해 단순 소비재가 아닌 '문화 콘텐츠로서의 패션'을 실현하고자 했다. 이를 위해 전시 연계, 디자이너 인터뷰 콘텐츠, 매장 내 체험형 브랜딩 등을 실험했다.

특히 브랜드 론칭 당시에는 패션쇼보다는 갤러리 전시회 중심의 브랜드 체험 행사를 기획했다. 삼성 로댕갤러리에서 전개된 전시는 'Pleats(주름)의 예술'이라는 테마로 기획되었고, 예술 도서 출간 기획까지 추진했다. 브랜드가 단순히 팔리는 것이 아닌, '이해되고 경험되는' 과정을 중시했다.

이 전략은 당시로선 매우 파격적이었으며, 한국 패션시장에 '스토리테일링 중심의 수입 브랜드 운영 모델'을 정착시키는 데 기여했다.

"미야케는 '파는 옷'이 아니라 '말을 거는 옷'이었다. 우리는 그 언어를 어떻게 번역할지를 고민했다"

하나의 브랜드가 바꾼
전략의 판도

Issey Miyake 독점 수입은 단지 한 브랜드의 도입을 넘어서, 국내 패션 유통 구조에 새로운 전환점을 제시한 전략적 실험이었다. 기존의 로열티 기반 라이선스 모델이 아닌, 일본 본사와 전 제품군에 대해 직접 협의하여 사입하고, 수입부터 마케팅, 유통까지 전 과정을 제일모직이 자체적으로 설계하고 운영하는 방식이었다.

이는 단순한 수입상의 역할을 넘어, '기획형 유통사'라는 새로운 기업 정체성을 실험하는 계기였다. 소비자는 단지 외국 브랜드 제품을 구매하는 것이 아니라, 브랜드가 담고 있는 문화와 철학, 그리고 차별화된 경험을 함께 받아들이게 되었고, 우리는 그 흐름을 주도하는 플랫폼을 만들어가고 있었다.

이 경험은 이후 띠어리(Theory), 꼼데가르송(Comme des Garçons), 메종 키츠네(Maison Kitsuné), 아미(AMI) 등의 브랜드를 성공적으로 도입하는 데 실질적인 토대가 되었다. 특히 오늘날 삼성물산 패션부문

(舊 제일모직) 전체 매출의 약 30% 이상이 이러한 수입 브랜드 포트폴리오에서 발생하고 있다는 점은, 당시의 실험이 단기적 성과를 넘어 구조적 변화를 이끌어 낸 전략적 선택이었음을 증명한다.

이러한 모델은 제조 기반에서 유통 기반으로의 전략 전환을 가능하게 한 교육장이자 기회였으며, 한국 패션산업 전반에 걸쳐 '수입 브랜드 유통 경쟁력'이라는 새로운 경쟁 축을 형성하는 데 기여했다.

"수입이 목적이 아니라, 전략의 실험이었다.
이 브랜드는 우리가 유통을 어떻게 기획해야 하는지를 가르쳐 주었다"

[표11] 제일모직, '이세이 미야케' F/W 첫선

제일모직(패션 부문 사장 원대연)이 오는 추동부터 세계적인 디자이너 브랜드 '이세이 미야케(Issey Miyake)'를 도입 전개한다. 제일모직은 '이세이 미야케'와 함께 세컨드 브랜드인 '플리츠 플리즈(Pleats Please)'를 유명 핵심백화점 중심으로 매장을 열어 선보일 계획이다. '이세이 미야케'는 하이크리에이션과 컨템포러리, 로맨틱룩을 지향하고 소재의 독창성과 컬러의 예술성, 스타일의 신비성이 강한 것이 특징이다. 30~50세의 예술적 마인드가 강한 매니아를 대상으로 디자이너의 창조력이 강조되는 작품성이 두드러진다. 또 '플리츠 플리즈'는 주름을 주제로 가볍고 편안함을 지향하는 실용성과 범용성이 있는 세컨드 브랜드이다. 독특한 캐릭터를 지향할 수 있는 코디제품이 많다. 가격대는 스커트류가 80만 원대, 셔츠류가 50만 원대이며 플리츠 플리즈의 경우 자켓 40만 원대, 스커트류 30만 원대, 셔츠류 20만 원대, 드레스류 40만 원대이다. 제일모직은 오는 가을에 '이세이 미야케'는 백화점 1개 점과 전문샵 1개를 열고 세컨드 라인은 백화점 1개 점에 문을 열어 매니아 지향의 전개를 할 방침이다.

출처: 《한국섬유신문》, 2002. 07. 02.
(https://www.ktnews.com/news/articleView.html?idxno=31527)

인재 전략
― 브랜드를 움직이는 사람의 구조화

"전략은 결국 사람이 만든다.
사람을 키우는 것이 가장 강력한 전략이다"

브랜드 성공의 핵심,
인재 구조를 재설계하다

2000년대 초, 제일모직은 새로운 패러다임의 전환기를 맞고 있었다. IMF 이후 변화된 세계시장은 한국 패션산업의 근본적 체질 개선을 요구했고, 이제 단순히 제품을 잘 만드는 것만으로는 더 이상 글로벌 무대에서 경쟁력을 확보할 수 없다는 위기의식이 팽배했다. 당시 삼성그룹은 '디지털 경영'과 '브랜드 일류화' 전략을 대대적으로 추진하고 있었고, 그 중심에는 사람이 있었다. 이건희 회장은 사장단 회의에서 늘 물었다.

"핵심 인재를 몇 명 확보했는가?"

"천재 한 명이 수만 명을 먹여 살리는 시대다. S급 인재 10명을 확보하면 회사 하나보다 낫고, 100명이면 회사 10개보다 낫다."

이는 구호가 아니었다. 실제로 그는 인텔, IBM 등에서 한국인 핵심 기술자들이 성공을 견인하는 모습을 본 뒤 '한 사람의 비범한 인재가 산업을 바꾼다'는 신념을 경영 전면에 내세웠다. 2002년부터는 그룹 계열사 전체에 핵심 인력 확보 실적을 매월 보고받는 체계를 도입했고, 그 실행을 맡은 실무 책임자 중 한 명이 바로 나였다.

당시 나는 사장 직속의 '패션 일류화 추진 T/F' 책임자로 임명되었다. 이 조직의 과업은 단순 채용이 아닌, 브랜드 전략을 실현할 수 있는 인재 구조 재설계와 실행 시스템 구축이었다.

첫 번째 과업은 세계 일류 브랜드들의 조직 구조 및 핵심 인력 운영 체계 분석이었다. Giorgio Armani, Donna Karan, MaxMara, Nike, Benetton 등 글로벌 기업의 전략 설계와 인재 등용, 조직 운영을 조사해 우리가 어떤 인재를 어떤 전략적 위치에 배치해야 할지 판단하는 프레임워크를 수립했다.

두 번째 과업은 인재 확보 타깃 설정과 각국의 삼성 주재원 인프라를 활용한 채용 및 협업 체계 가동이었다. 뉴욕, 파리, 밀라노, 동경, 북경 등 주요 도시에서 글로벌 인재 풀을 가동했고, 확보 인재 목록과 인터뷰, 계약 조건 등을 사장에게 직접 보고했다.

세 번째 과업은 뉴욕, 밀라노, 상해, 동경에 브랜드별 현지 디자인 스튜디오 개설을 통한 글로벌 인재 거점 확보 전략 수립이었다.

나는 기존 채용 방식을 전면적으로 재설계하고자 했다. 단순히 '잘하는 사람'을 찾는 것이 아니라, '전략에 맞는 사람'을 정의하고 구조화하는 것. 즉, 브랜드 전략 → 인재상 설계 → 조직 재구조화 → 글로벌 운영으로 이어지는 시스템의 시작이었다. 이는 "한국 브랜드로 세계 무대에서 살아남을 수 있는가?"에 대한 실질적 답을 찾는 여정이었다.

"사람이 전략이다":
브랜드 맞춤형 인재 정의의 시작

1995년 삼성그룹이 패션사업의 일류화를 선포했을 때, 나는 '사람'이라는 전략 요소에 집중하게 된다. 10년 가까이 이 과제를 수행하면서 체감한 진실은 하나였다.

"사람이 전략이다"

조르지오 아르마니(Giorgio Armani), 도나 카란(Donna Karan), 안나수이(Anna Sui)—이들이 만든 브랜드는 철학이자 정체성이었다. 브랜드의 전략은 곧 사람의 전략이었다. 훌륭한 기획서와 마케팅 전략이 있어도 그것을 실행하는 사람의 감각, 속도, 협업력이 부족하면 사업은 나아가지 못한다. 브랜드는 생물체와 같아 그 운명은 결국 사람이 결정한다.

나는 매 프로젝트마다 스스로에게 물었다.

"이 브랜드를 성공으로 이끌 인재는 어떤 역량을 갖추어야 할까?"
"단순한 '디자이너' 그 이상이 필요한 것은 아닐까?"
"마케팅 디렉터, 상품기획자(MD)에게 요구되는 조건은 무엇인가?"

이를 위해 브랜드를 해부하기 시작했다. 제품보다 철학, 매출보다 조직 구조, 성공의 이면을 들여다보며 전략과 인재 조건을 연결하는 설계 기준을 만들었다.

전략 기반 인재 설계 시스템은 글로벌 기업 벤치마킹에서 출발했다. 남성복, 여성복, 캐주얼, 스포츠, 골프웨어 등 다섯 개 주요 사업군을 중심으로 리딩기업의 조직과 인재 구조를 분석[9]했다.

분석 결과, 각 기업의 핵심 경쟁력은 분명한 차이를 보였다.

- 남성복 선진기업인 Zegna는 최고급 소재, 재단사, 봉제기술을

---

9) 선진패션기업의 핵심성공요소 분석 자료는 이유순, 〈한국 패션기업의 비전과 동아시아 협력방안〉, 《한국의류산업학회지》 7권 pp. 263~266, 2005에 수록되어 있다.

바탕으로 한 '품질력'이 경쟁력의 핵심이었다.
- 캐주얼 브랜드인 Gap과 Benetton은 '가격 대비 품질력', 즉 높은 가성비가 주된 경쟁 우위였다.
- Donna Karan, Anna Sui 같은 디자이너 브랜드는 창의적 디자인과 강력한 스토리텔링이 핵심 역량이었다.
- Nike, Adidas 같은 스포츠 브랜드는 과학기술과 마케팅 인재를 중심으로 한 융합 역량이 경쟁력의 원천이었다.

이처럼 사업군에 따라 작동하는 성공 요인이 전혀 달랐으며, 나는 이를 바탕으로 '조직 역량 - 핵심 인재 - 사업 전략'의 연계 구조를 도식화했다.

이 분석은 곧 제일모직의 각 브랜드 전략에 적용되었다. 예를 들어, 제일모직의 대표 남성복 브랜드 A는 국내 시장 점유율은 높았지만, 글로벌 기준에서는 소재와 봉제 품질 면에서 경쟁력이 미흡했다. 이를 보완하기 위해 나는 다음과 같은 인재 전략을 수립했다.

- 전담 소재개발 인력을 확보해 독자적 원단을 개발
- 이탈리아 봉제 전문가를 고문으로 초빙해 내부 기술자 양성
- 글로벌 품질 기준을 이해하고 실현할 수 있는 MD와 QC 인력 강화

이것이 바로 내가 정립한 '브랜드 전략 기반 인재 설계 시스템'의

출발점이었다. 브랜드마다 전략이 다르고, 고객이 다르며, 그 전략을 실현할 인재의 유형도 당연히 달라야 한다는 관점이다.

"인재를 감각으로 뽑는 게 아니라 전략으로 설계하는 것―그것이 이 시스템의 핵심이었다"

나는 이 과정에서 확고히 깨달았다. 인재란 타고나는 것이 아니라, 맥락 속에서 정의되는 것이라는 사실을.

"세상 모든 사람이 인재다. 하지만 그 조직의 필요와 구조에 흡수되지 못한다면, 그 사람은 인재가 아니다"

그래서 나는 단순히 '뛰어난 사람'을 찾는 것이 아니라, '조직이 필요로 하는 구조에 맞는 사람'을 설계하고 발굴하려 했다. 어떤 브랜드는 기획형 디자이너가, 어떤 브랜드는 스토리텔링이 가능한 크리에이티브 리더가, 또 어떤 브랜드는 매출을 예측하는 전략 MD가 필요했던 것이다. 이처럼 브랜드별로 핵심역량의 우선순위가 다르고, 이에 따라 '전략형 인재의 정의'도 달라졌다.

[표12] 제품군별 선진패션기업의 핵심역량과 기반력 분석

구분	선진 기업	핵심 경쟁 역량		기반력
남성복	E.Zegna Marzotto Hartmax	품질력	· 최고급 소재 · Pattern의 정확성 · 최고의 봉제수준	→ 최고급 직물 공급업체 보유 → 세계 최고의 재단사 확보 → 자가공장 및 우수 기술력 보유
여성복	Danna Karan Giorgio Armani MaxMara	디자인력	· 디자이너 기반 기업 · 우수한 브랜드 가치 · 첨단 유행성	→ 핵심 디자이너 보유 → 연 2회 컬렉션 개최 → 강력한 크리에이티브 소싱력
캐주얼	the Gap the Limited Polo RL Benetton	가격 경쟁력	· 높은 품질 · 상대적 저가격 · 매장력 · 광고전략	→ 협력업체와의 Network 강화 → 우수 생산 및 소싱전문가 보유 → 대형 매장을 위한 다상품 진행력 → 핵심 이미지에 대한 집중 광고 집행
액티브	Nike Addidas Fila	과학력 마케팅력 자본력	· 첨단 과학 기술력 · 스타마케팅 · 높은 브랜드로열티 · 패션성	→ 기술개발을 위한 연구 Lab 운영 → 마케팅 인력 및 자본력 보유 → 스포츠시장에서의 확실한 브랜드 로열티 확보 → 유명 디자인력과 제휴
골프	Lacoste Bobby Jones	역사성 품질력	· 역사적 골프인 기반 · 우수 소재 및 봉재	→ 역사적 골프人을 기반한 이미지 및 마케팅력 → 자가공장 및 우수 기술력 보유

* 자료: 이유순, 〈패션산업의 성공적인 상품기획력 : 기업 기반력에 따른 상품기획 핵심역량 분석〉, 섬유기술과 산업, 2002(6권 3호, p. 194~205), 한국섬유공학회
* (표 주석) 한국 패션시장에서 구분하는 제품군별로 시장을 리드하는 선진 해외기업에 대해 기업 역사성, 기업 마케팅 투자 및 기획방식 분석, 보유 인력과 공장 등 시설물 등을 분석한 결과

구조화된 인재 채용의 시작:
브랜드 전략 기반 인재 설계 시스템

브랜드 전략이 곧 인재 전략이라는 확신을 바탕으로, 나는 인재 채용 과정을 단순한 이력 검토와 감각적 판단의 영역에서 벗어나게 하고자 했다.

2000년대 초반 당시만 해도 국내 패션업계는 여전히 '누구 제자다', '디자인 잘하더라' 같은 추천 중심의 채용 문화가 주를 이루었고, 정량적 기준이나 전략적 적합성 평가 체계는 사실상 존재하지 않았다.

그러나 내가 수행하던 글로벌 브랜드 도입 및 현지화 사업에서는, 이와 같은 채용 방식으로는 조직을 설계할 수 없었다. 브랜드는 단순한 이름이 아니라, 디자이너, 상품기획자, 생산팀, 마케터, 매장 관리자까지 모든 인력이 하나의 유기체처럼 작동해야 제대로 작동하는 전략 플랫폼이었다. 이 전체를 아우를 수 있는 구조적 채용 시스템이 필요했다.

이를 체계화하기 위해 도입한 것이 바로 '브랜드 전략 기반 인재 설계 시스템'이었다. 이 시스템은 다음과 같은 프로세스로 체계화되었다.

① 브랜드 철학과 시장 특성 분석
② 직무별 Job Profile 및 R&R(역할과 책임) 정의
③ 핵심역량(KSF) 도출 및 역량 매핑

④ 채용 및 평가 프로세스 구조화

경험상 조직과 역할 정의 없이 뛰어난 사람도 자리 잡기 어렵다. 반면, 분명한 책임과 평가 체계가 있다면 누구든 역량을 발휘할 수 있다.

우리가 새롭게 전개하려던 글로벌 여성복 브랜드의 경우 단지 '감각 있는 디자이너'가 아닌, 철학 이해력, 트렌드 감각, 협업력, 리더십, 스토리텔링 감각을 갖춘 인재가 필요했다. 이는 브랜드별 직무기술서(Job Description)로 구조화되었고, 빈폴, 라피도, 로가디스 등의 글로벌화에 실질적으로 기여했다.

'전략기반 채용 시스템' 다음 세 가지로 실현되었다.

① 직무 중심 채용 기준 마련
② R&R 중심의 조직 배치 구조
③ 브랜드별 인재 Pool 관리 체계화

인재를 전략 중심으로 정의하고, 구조화하여 실행하는 것. 이것이 진짜 '사람을 경영하는 일'이다.

이제 우리 회사는 더 이상 좋은 사람을 뽑는 것에 머물지 않았다. "우리가 필요로 하는 인재는 누구인가?"라는 질문을 던지고, 그에 대한 답을 설계하는 회사로 변하고 있었다.

"채용은 HR의 영역이 아니라, 경영 전략의 전선이다"

헤드헌터 시스템의 도입:
전략이 된 채용

2000년대 초, 글로벌 전략 실현의 최대 걸림돌은 국내 인재 시장의 한계였다. 이에 나는 구조화되지 않은 채용은 실패로 귀결된다는 판단 아래 글로벌 헤드헌터 시스템을 도입했다. 당시 패션업계에서는 생소한 시도였지만, 내 생각은 명확했다.

'전략 실패의 비용이 헤드헌터 수수료보다 훨씬 크다'

해외 브랜드와의 전략 제휴, 독점 수입, 라이선스, 직수입 유통 전환 등 글로벌 전략을 실행하려면, 실전형 인재가 필요했고, 국내에는 전략과 창의력을 겸비한 인재가 부족했다. 그래서 나는 유니코써치, 아데코코리아, 팜비안코, 플로리안 드 생피에르, 리타 수 시겔 리소시스 등과 협력[10]했다.

이들은 포지션별 직무 정의서(JD)에 부합하는 후보자 리스트를

---

10) 유니코써치(UNICO Search): 국내 본사(서울)에 기반을 둔 전문 헤드헌팅 기업으로, 경영진·임원급 채용과 산업별 맞춤형 인재 검색에 강점 보유 | 아데코코리아(Adecco Korea): 스위스 본사의 세계 최대 인사·채용 서비스 그룹 아데코 한국 법인. 글로벌 네트워크를 통한 다국적 인재 매칭 전문 | 팜비안코(Pambianco): 이탈리아 밀라노 본사의 패션·럭셔리 산업 특화 경영 컨설팅 및 헤드헌팅 기업 | 플로리안 드 생피에르 & 아쏘시에(Floriane de Saint Pierre & Associés): 프랑스 파리에 본사를 둔 글로벌 패션·럭셔리·크리에이티브 산업 전문 헤드헌팅사 | 리타 수 시겔 리소시스(RitaSue Siegel Resources, RSSR): 미국 뉴욕 본사의 크리에이티브·디자인·브랜딩 분야 전문 인재 발굴 및 경영 컨설팅 기업

만들어 '다면 평가 보고서'를 제공했다. 브랜드 적합성 분석, 포트폴리오와 실적 리뷰, 협업 스타일 및 리더십 평가, 전 직장 동료·상사들의 피드백, 전략 사고와 문제 해결력 테스트 등 논문 수준의 종합 분석 보고서가 제출됐고, 나는 이를 기반으로 국내 조직과 연결되는 브리지형 글로벌 인재 시스템을 설계할 수 있었다.

핵심인력 발굴 업무에서 가장 기억에 남는 프로젝트는 미국 뉴욕에서의 빈폴 디자인 스튜디오 인력 발굴이었다. 나는 빈폴의 미국 시장 확장을 위해 뉴욕에 거점을 두고 글로벌 감각을 지닌 브랜드 디렉터, 비주얼마케팅 책임자, 콘텐츠 크리에이터 등을 채용해야 했다. 이를 위해 RSSR(뉴욕)과 Floriane de Saint Pierre(파리)에 직무 정의서(JD)를 보내고, 다음과 같은 인재를 요청했다.

- 빈폴 브랜드 철학과 비주얼을 이해하고 통합할 수 있는 디렉터
- 뉴욕 시장을 아우를 수 있는 커뮤니케이션 감각과 시장 통찰력
- 브랜드별 콘텐츠를 재구성할 수 있는 글로벌 크리에이티브 기획자

결과적으로 우리는 현지에서 해당 인재를 채용했고, 그는 빈폴 뉴욕 디자인 전략의 출발점을 설계하는 역할을 수행했다.

"전략을 실현하는 것은 결국 사람이고, 그 사람을 찾아내는 일은 조직의 가장 실천적인 전략이다"

해외 디자인 스튜디오 설립:
현지 인재와 정보망의 거점화

2000년대 초, 글로벌 브랜드와 어깨를 나란히 하려는 제일모직의 전략적 도전은, 단지 국내 인재 채용만으로는 실현 불가능했다. 우수한 글로벌 인재들은 대부분 자국에서 활동하고 있었고, 한국으로의 근무 이전에는 여러 제약이 따랐다. 나는 고민 끝에 전략을 바꾸기로 결정했다.

"인재를 한국으로 데려오려 하지 말고, 우리가 그들에게 다가가자"

이 판단을 통해 탄생한 것이 바로 '디자인 스튜디오(Design Studio)' 전략이다. 이 스튜디오는 단순한 오피스가 아니라, 제일모직의 글로벌 디자인 전략을 실행하는 현지 거점이며, 창의성과 시장 감각을 연결하는 전략 허브였다.

설립의 목적은 세계적인 디자인력 확보와 현지 시장 기반 디자인 컨셉 확보였다. 이는 정보 수집이 아닌, 현지 실무 수준의 스타일 · 패턴 · 봉제 기획 역량 확보를 의미했다.

나는 이 디자인 스튜디오를 단발성 프로젝트가 아닌, 글로벌 브랜드 역량 내재화를 위한 중장기 인프라 전략으로 접근했다. 이에 따라 2005년까지 미국 뉴욕, 이탈리아 밀라노, 중국 상해, 일본 동경 등 총 4개국에 전략적 거점을 완성하는 로드맵을 수립하였다.

이 스튜디오는 브랜드 철학과 디자인 언어가 동일한 밀도로 실현되는 구조를 만들었고, 이후 글로벌 확장 전략의 자산이 되었다.

인재 전략의 시사점

삼성그룹이 패션사업의 일류화를 선언했던 1995년, 나는 '전략은 실행되어야 힘이 된다'는 사실을 현장에서 절감하고 있었다. 아무리 잘 짜인 사업계획서도, 아무리 멋진 브랜드 슬로건도, 그것을 실제 시장에서 구현할 수 있는 사람이 없다면 모든 전략은 무의미했다.

그래서 나는 전략보다 먼저, 전략을 움직일 사람을 정의하고 설계하는 일에 착수했다. 그리고 그 일은 생각보다 더 복잡했고, 동시에 더 구조화되어야 했다.

- 전략 없는 인재는 조직에 맞지 않는다.
- 브랜드에 맞는 인재를 설계하는 것이 전략의 시작이다.
- 제대로 된 인재는 '채용'이 아니라, '발굴'하고 '설계'하고 '육성'하는 것이다.

이 전략은 이후 〈핵심인력 확보 및 양성 계획〉 보고서로 체계화되었고, 제일모직과 삼성그룹의 전략형 HR 시스템 전범으로 작동했다. 브랜드별 직무 정의서(JD), 핵심역량, 헤드헌터 매뉴얼, 디자인 스튜디오 인프라, 순환보직 기반 양성체계 등이 포함되었다.

나는 이 프로젝트를 단순한 '경영지원' 차원에서 하지 않았다. 나는 브랜드의 전략이 현장에서 실현되는 방식을 설계했고, 조직이 그 전략에 맞게 움직이도록 설계했다.

나는 전략을 해석하고, 조직을 구조화하고, 사람을 설계하는 디자이너였다. 이후 내가 이동한 삼성패션연구소, 계열사 프로젝트, 신규 브랜드 런칭 현장에서도 나는 늘 같은 질문으로부터 시작했다.

"이 전략은 어떤 사람으로부터 시작되어야 하는가?"

패션산업의 빠른 변화 속에서도 변하지 않는 진리. 브랜드는 사람으로 실현된다. 전략은 문서가 아니라, 사람의 손과 머리와 심장에서 실행될 때 비로소 힘이 된다.

전략 문화화
— 사람과 구조를 넘은 실행의 완성

"Culture eats strategy for breakfast"
- 피터 드러커(Peter Drucker)

전략은 '현장'에서 완성된다:
실행의 첫 관문

지난 수년간 글로벌 전략 기획을 하며 가장 뼈저리게 느낀 것은, 전략은 종이에 쓸 수는 있어도, 사람과 조직의 손과 언어, 습관 속에 들어가지 않으면 전혀 작동하지 않는다는 사실이었다.

브랜드를 인수하거나, 디자이너를 영입하거나, 멋진 유럽 사례를 가져오는 것보다 더 어려운 것은, 그 전략이 실제 현장 속에서 '움직이는 현실'이 되는 일이었다.

글로벌 전략 보고서는 정교했고, 디자이너 영입 기획도 치밀했다. 하지만 조직의 저항, 실무자의 회의감, 문화적 괴리를 넘어서지 못한다면 그 전략은 멈춰버릴 수 있었다.

그래서 나는 늘 스스로에게 물었다.

"이 전략이 우리 사람들의 말투로 전달되고 있는가?"
"이 구조가 우리의 일상 속에 흡수될 수 있는가?"

전략가는 단지 '방향'을 그리는 사람이 아니라, '조직의 언어로 전환된 전략'을 설계하는 번역자여야 했다. 이를 위해 나는 다음과 같은 '전략 번역 3단계'를 실무에 적용했다.

① 현장의 언어로 바꾸기

"이건 유럽 브랜드 방식이야"가 아니라 "그건 우리 땡처리 방식과 반대야", "'컨셉 기획' 대신 '우리 시즌 캘린더'에 맞춰보자" 등 실제 근무자들이 이해할 수 있는 언어로 전략을 번역한다.

② 동맹 만들기

혼자만 기획하지 않았다. 현업의 영향력 있는 실무자, 유통팀, 생산파트와 먼저 협의해 그들의 언어로 먼저 설득받고, 함께 발표했다. "그렇게 하자고 이미 저 부장님도 동의하셨어요"라고 말할 수 있게 만든다.

③ 경영진 보고용 언어로 다시 번역

"국내 시장 구조상 24개월 내 수익전환 가능성 有", "Kering사와의 디자인 구조 유사/영입 가능성 高"

피터 드러커의 "조직 문화는 전략을 아침 식사처럼 삼켜버린다" 말처럼, 조직 안에서 설득되지 않은 전략은 실행되지 않는다. 그리고 실행되지 않는 전략은 존재하지 않는 전략이다.

조직은 '설득'으로 움직인다:
감정 설계의 기술

실행의 두 번째 관문은 '설득'이다. 전략이 움직이기 위해서는 조직 구성원이 그 전략을 '믿고 움직일 수 있어야' 한다.

나는 삼성이라는 보수적 기업 안에서, 글로벌 전략을 설계하고 실행할 수 있었던 이유가 단순한 전문성 때문은 아니었다. 오히려 조율력(Aligner), 설득력(Persuader), 내부 적합성 조정자(Internal Translator)의 역할이 핵심이었다고 본다.

이를 위해 나는 다음과 같은 세 가지 원칙을 통해 이 조율력을 키워왔다.

- 공감으로 시작하라 실무자의 현실과 한계를 이해하고, 그들의 언어로 설득을 시작한다.

- 데이터보다 맥락을 설명하라 숫자나 트렌드보다 지금 이걸 해야 하는 이유, 우리 팀 입장에서 고려하는 것이다.
- 전략의 주인을 만들어라 아이디어의 실행자가 스스로 주인이 되도록 유도해야 전략이 살아난다.

실무에서는 이런 방식으로 작동되었다.
- 감정이입형 브리핑 '지금 이걸 해야 하는 이유를, 우리 팀 입장에서 먼저 말하기'
- 맞춤형 설득 프레임 생산팀에게는 '원가 절감'으로, 디자인팀에게는 '시장 혁신'으로 의미 전달
- 작은 승리부터 보여주기 "지난번 아이템 수주량 증가 기억하시죠? 그 방식입니다"

이러한 설득 방식은 경영학에서 말하는 'Change Agent(변화 주도자)'의 역할에 해당한다.

전략을 단순히 전달하는 사람이 아니라, 조직 내에서 그것을 번역하고 설득하며 실행하게 하는 내부 변화 리더가 필요하다. 그리고 그 역할을 내가 맡았던 것이다.

전략은 '문화'로 지속된다:
지속 가능한 실행을 위한 조직 디자인

마지막 관문은 '지속 가능성'이다. 아무리 뛰어난 전략이 실행되었다 해도, 그것이 일시적인 프로젝트나 이벤트로 끝난다면 조직은 곧 원상태로 되돌아간다. 전략이 진정한 효과를 발휘하려면, 그것이 사람들의 행동을 바꾸고, 일상의 언어로 자리 잡으며, 조직의 감각과 리듬에 스며들어야 한다.

나는 이 과정에서 한 가지 중요한 교훈을 얻었다.

"전략은 구조를 바꾸어야 지속되고, 구조는 문화를 바꿔야 살아남는다"

즉 전략이 오래가려면, 제도나 구호가 아니라 조직 전체의 습관, 관계, 감정, 언어, 리듬에 영향을 미쳐야 한다.

실제로 내가 만든 전략이 조직 안에 정착하기 위해서는 몇 가지 구조적 설계가 필요했다. 다음은 그 사례들이다.

- 디자인을 조직의 중심에 놓자 → 직무 배치 구조가 달라졌다.

과거에는 생산, 영업, 기획 부서가 중심이었지만, 디자이너들이 전략 기획과 제품 개발 단계에서 의사결정의 중심 역할을 맡게 되었다. 이는 단순한 역할의 이동이 아니라, 조직의 가치 판단 기준이 바뀌었다는 의미였다.

- 브랜드 감각이 필요하다 → 회의와 보고서, 평가 기준에 변화가 생겼다.

예전에는 숫자 중심의 KPI가 절대적이었다면, 이제는 디자이너의 언어와 브랜드 감수성, 제품 기획의 미적 감각까지도 '성과'로 인정받는 기준이 되었다. 회의록과 의사결정 회람에서도 디자인 언어가 공식 문서로 남았다.

- 글로벌 경험자 우대 → HR 기준, 채용 제도, 평가 항목까지 바뀌었다.

단지 외국어 가능자를 뽑는 것이 아니라, 다양한 문화 경험과 글로벌 사고방식을 가진 인재를 우대하고 그에 맞춘 교육과 성장 경로를 제공했다. 이는 조직 전체가 글로벌 감각을 갖추기 위한 '문화적 리허설'이기도 했다.

이러한 변화는 단순히 조직도나 제도를 바꾸는 일이 아니었다. 전략이 '조직이 전략을 받아들이는 방식' 자체를 바꾸는 작업이었다.

과거에는 전략이 수직적으로 '하달'되었지만, 이제는 조직 구성원 스스로 전략의 당위성과 필요성을 '감각적으로 이해'하고 자발적으로 움직이는 수평적 실행 문화를 설계하고자 했다.

그 결과, 전략은 일회성 기획이 아닌 '조직의 감각'으로 내면화되었고, 이것이야말로 지속 가능한 전략 운영 시스템으로 이어졌다.

"전략이 문화가 될 때, 그것은 사라지지 않는다.
사람이 움직이고, 구조가 지지하고, 감각이 흐르는 조직 안에서 전략은 '살아 있는 시스템'이 된다"

사람은 '믿을 수 있는 환경'에서 움직인다: 전략 실행의 조건

돌이켜 보면, 내가 경험한 수많은 글로벌 전략의 성공과 실패는 종종 같은 출발점에서 갈렸다. 완성도 높은 계획, 명확한 분석, 심지어 강력한 리더십이 있어도 전략이 실패하는 이유는 의외로 단순했다. 그 전략을 '사람이 믿지 못했기 때문'이다.

실행은 사람의 일이다. 시스템도 도구도 모두 사람의 손을 거쳐 작동한다. 결국 전략이 조직 안에서 살아남으려면, 사람이 그 전략을 신뢰하고, 자신의 일처럼 받아들일 수 있는 '환경'이 먼저 조성되어야 한다.

나는 다음의 질문을 항상 염두에 두었다.
- 이 전략을 현장의 누구도 의심 없이 이해하고 있는가?

- 조직의 루틴과 맞물리는 구조인가, 아니면 방해가 되는가?
- 이 전략을 왜 해야 하는지, 누구를 위한 일인지 '사람'은 납득했는가?

이러한 질문을 놓치면, 전략은 종이에만 머무른다. 그리고 그 종이는 언젠가 서랍 속으로 사라진다.

"전략이 조직문화로 자리 잡았을 때,
그 전략은 사람에 의해 자라나고, 유지되고, 진화한다"

전략이 '살아 있는 것'이 되려면, 그것을 함께 설계하고, 함께 설득하고, 함께 실행하는 시간이 반드시 필요하다. 그 과정에서 전략은 하나의 감정적 실천이자 공동체적 약속이 된다. 조직원 모두가 그것을 자신의 언어로 설명할 수 있을 때, 전략은 시스템을 넘어 문화가 된다.

그리고 나는, 그런 시간을 가장 소중한 경영의 자산으로 간직하고 있다. 내가 만든 전략이 아니라, 우리가 함께 만든 문화였기 때문이다.

| 5장 |

위기 속, 나의 전략이 움직이다

IMF와 재편기의 현장에서 탄생한 경영 혁신

"위기를 낭비하지 마라"

라흐마 엠마뉴엘(Rahm Emanuel, 前 美 백악관 비서실장)

IMF 이후,
한국 패션산업의 격변

"우기는 전략을 시험하고,
전략가는 혼란 속에서 기회를 본다"

경제 시스템 붕괴와 소비문화 급변:
한국 패션산업, 구조적 위기에 직면하다

1997년 12월, 한국은 국제통화기금(IMF)에 긴급 구제 금융을 요청하며 국가 경제 주권을 사실상 국제 사회에 위탁하게 되었다. 이는 단순한 금융위기를 넘어, 산업 전반과 국민의 소비 행태를 뒤흔든 구조적 재난(Systemic Crisis)이었다. 환율은 불과 몇 달 사이 800원대에서 2천 원대까지 치솟았고, 외화 유동성 고갈은 실물경제 전반에 충격을 가했다.

패션산업은 그중에서도 충격의 최전선에 있었던 산업 중 하나였다. 환율 급등은 수입 원단과 부자재 가격을 2배 이상 인상시켰고,

내수 중심의 중소 패션기업은 조달 비용을 감당하지 못해 줄줄이 도산했다. 당시 산업자원부와 유통업계 통계에 따르면, 1996년 약 22조 원 규모였던 패션 소비시장은 1998년 17조 원으로 축소되며 23% 가까운 하락세를 보였다.

뿐만 아니라, 의류 수입은 1998년 전년 대비 61.1% 급감했고, 한국 시장에서 구찌, 버버리 등 고가 수입 브랜드의 매장 철수와 매출 급감이 이어졌다. 이와 동시에 백화점 유통 채널을 기반으로 성장해 온 나산, 서광, 엘칸토, 쌍방울 등 국내 주요 패션기업 10여 곳이 도산 또는 기업회생절차에 돌입했고, 뉴코아·미도파 등 대형 유통사도 구조조정 대상이 되었다.

"패션은 아름다움보다 생존을 고민해야 했던 유일한 시기였다"

소비자는 더 이상 브랜드나 트렌드에 반응하지 않았다. '가격', '실속', '기능성'이 소비 기준의 중심에 올라섰고, 유행보다는 생존이 먼저였다. 과거 강남 중심의 고급 소비문화를 주도하던 브랜드 매장 대신, 동대문 어패럴밸리[11]와 백화점 PB 브랜드, 이월 상품 중심의 유통이 빠르게 시장 점유율을 확대해 나갔다.

---

11) 동대문 어패럴밸리(Apparel Valley)는 서울 동대문시장을 중심으로 형성된 의류·패션산업 클러스터. 2000년대에는 원부자재 공급, 디자인, 생산, 도·소매가 한곳에 모여 24시간 가동되는 '패션의 메카'로서 한국 패션산업의 핵심 역할을 했다. 그러나 2010년 이후 중국산 저가 제품의 급격한 유입과 온라인 유통의 확대로 경쟁력이 약화되며 점차 쇠퇴의 길을 걸었다.

그간 패션산업은 유행과 스타일을 선도하는 '감성 산업'으로 분류되었지만, 이 시기를 기점으로 환율, 구매력, 글로벌 공급망에 민감하게 반응하는 '민감 산업(Sensitive Industry)'으로 재인식되기 시작했다.

IMF 이전의 패션기업들은 외형 성장을 추구하며 브랜드 확장과 유통망 확대에 주력해 왔다. 그러나 이 위기를 겪으면서, 내부 운영의 효율성과 전략 기반 경영체계, 그리고 재무 건전성이 기업 생존의 조건으로 부상했다.

이 시기의 뼈아픈 교훈은 이후 한국 패션산업이 전략경영적 사고방식으로 나아가게 된 출발점이 되었고, 위기는 결과적으로 '패션의 경영화'를 앞당기는 촉매가 되었다.

"외부 트렌드를 좇는 시대에서, 내부 구조를 재설계하는 시대로 전환되었다"

제일모직 내부의 구조조정과 생존전략:
통합의 그림자, 위기 속 전략으로 답하다

1997년 외환위기의 충격 속에서 삼성그룹은 전체 구조조정에 착수했다. 이른바 '선택과 집중' 전략하에, 비핵심 사업 정리와 계열사 재편이 급속히 진행되었고, 패션 사업도 그 일환으로 큰 방향 전환을 맞게 된다.

당시 삼성물산은 에스에스패션(SS Fashion)이라는 명칭으로 버킹검, 로가디스, 아스트라, 라피도 등의 브랜드를 중심으로 의류 사업을 전개하고 있었고, 제일모직은 갤럭시, 빈폴, 엠비오, 엘르 등의 브랜드를 운영하며 그룹 내 또 하나의 패션 축을 형성하고 있었다. 문제는 이 두 회사가 동일한 산업에서 별도로 움직이며, 브랜드, 유통, 조직, 고객군까지 상당한 중복과 비효율을 낳고 있었다는 점이다.

이에 따라 1998년 1월부터 두 회사는 비공식 통합 운영 체제(Operational Integration)에 돌입했다. 제일모직은 삼성물산 에스에스패션을 실질적으로 흡수·운영하며 통합 효과를 분석하고 내부 정비를 병행했다. 그리고 1년 6개월에 걸친 사전 준비와 구조조정 과정을 거쳐, 1999년 7월 1일, 법적 통합이 단행되었다.

"비공식 통합이 체질 개선의 실험이었다면, 법적 통합은 전략적 선언이었다"

이 통합을 통해 제일모직은 에스에스 패션의 브랜드와 유통 자산을 포함하여 종합패션기업으로서의 기반을 확보하게 되었다. 버킹검, 로가디스 등 경쟁력 있는 브랜드를 통합해서 26개를 보유했고, 매출 규모는 1조 2천억 원 수준으로 확대되었다. 임직원 수도 3,800명으로 증가하였다.

하지만 통합은 외형 확대와 동시에 경영 효율성 확보라는 난제를 안겼다. 브랜드 포트폴리오 중복, 조직 기능 충돌, 유통망 과잉, 물류 및 생산 프로세스 이원화 등 여러 구조적 문제는 전략적 구조조정(Business Restructuring) 없이는 통합 시너지를 기대할 수 없는 상태였다.

나는 1995년부터 제일모직에서 글로벌 전략을 실현하며 16개월간 성공적으로 직무를 수행한 후, 1997년 7월 삼성패션연구소로 발령이 난 상태였다.

나는 통합 실무 전략팀의 일원으로 투입되었고, 브랜드와 조직을 전면 분석하고 다음 세 가지 원칙에 따라 구조조정 작업을 설계했다.

- 중복 제거와 정렬 소비자군이 중복되는 브랜드를 통합 또는 리포지셔닝
- 조직 슬림화와 기능 단일화 기획-디자인-유통의 유기적 통합
- 성과 기반 운영 체계 도입 브랜드별 재무성과와 전략 적합도를 기준으로 생존 여부 결정

"통합은 시작에 불과하다. 그다음은 조직을 전략적으로 설계하는 일이다"

특히 이 시기에는 '슬림 경영' 기조하에 소사장제, 분사화, 외부 생산 전략, 물류 독립화 등 기업 내부의 기능적 자립도 강화 조치가 병행되었다. 각 사업 부문이 단독 손익을 분석하며 독립 운영되도록 전환한 이 구조는 향후 브랜드 단위 책임경영 체제로의 이행 기반이 되었다.

이와 같은 변화는 단지 비용 절감 차원의 조치가 아니었다. '통합 이후의 경쟁력'을 설계하기 위한 전사적 경영 혁신이자, 위기 속에서 전략적 기업운영 모델을 재정립한 사례였다.

내가 본 '패션의 재정의' 필요성:
외형에서 내실로, 감성에서 전략으로

1998년 초, 구조조정의 첫 번째 실행 단계가 마무리될 무렵, 나는 매일같이 질문을 던졌다.

"패션은 무엇이 되어야 하는가?"

수치상으로는 조직이 정리되고, 재무구조도 안정되고 있었다. 하지만 이것은 어디까지나 생존을 위한 긴급조치였다. 진정한 변화는 산업의 본질을 다시 정의하는 데서 시작되어야 했다.

나는 그 시기까지의 한국 패션산업이 지나치게 '외형 성장'에 매몰되어 있었다고 판단했다. 수입 브랜드의 감성, 고가 유통망의 확장, 트렌드 지향의 짧은 상품 사이클—All of these were, 표면적인 확장(Quantitative Expansion)에 집중된 구조였다. 하지만 IMF 위기는 그 외형을 무너뜨렸다. 그리고 나는 본질을 직면하게 되었다.

"패션은 더 이상 스타일이 아니다.
전략이고, 데이터이며, 지속 가능한 구조다"

내가 제안한 '패션의 재정의'는 다음 세 가지 방향에서 실현되기 시작했다.

① 사업 구조의 경량화: 선택과 집중

브랜드 수를 줄이고, 시장 타깃을 명확히 재정의하는 일은 단순한 '축소'가 아니라 전략적 선택(Selection)이었다. 포트폴리오 분석을 통해 저성장·저수익 브랜드를 과감히 정리하고, 핵심 소비층을 재설정하는 과정은 '패션기업은 브랜드를 팔기 전에 구조를 설계해야 한다'는 인식 전환을 동반했다.

② 예측 시스템의 도입: 패션정보의 정량화

두 번째 전환은 감각에 의존하던 기획 시스템을, 데이터 기반 예측 체계로 전환한 것이다. 이 아이디어는 훗날 '패션정보시스템(FIRS)'으로 구체화되며, 상품기획의 흐름, 시즌별 소비 트렌드, 유통 반응 등을 정량화하고 시각화하는 '패션 전략의 도구화'를 이끌게 되었다.

③ 지속 가능성의 확보: 브랜드 가치 + 인재 육성

나는 패션이 단기 매출을 넘어서야 한다고 믿었다. 브랜드는 이미지가 아니라 '자산'이며, 사람은 기능이 아니라 '역량'이어야 했다. 위기 이후의 조직은 다기능 인재를 필요로 했고, 브랜드는 수치 이상의 철학과 감성 자산이 필요했다. 그래서 나는 브랜드 리포지셔닝 전략서와 함께, 내부 교육 커리큘럼을 전면 재편했다. 디자이너, 기획자, 영업 담당자가 함께 브랜드를 '전략적으로 사고'하게 만드는 것이 나의 목표였다.

이러한 철학적 전환은 결국 '패션을 경영으로 바꾸는 실천'이었다. 감성과 직관, 스타일과 트렌드로 움직이던 조직에 전략, 논리, 구조, 데이터라는 언어를 심는 일. 나는 이것이 위기 이후 패션기업이 나아가야 할 본질적 길이라고 믿었다.

"우리는 옷을 파는 것이 아니라, 시장을 설계하는 것이다"

그것이 내가 IMF 이후, 패션을 다시 정의하게 된 이유였다.

선택과 집중
— 사업 포트폴리오의 전략적 재구성

"모든 것을 지킬 수는 없다.
버릴 줄 아는 것이 진짜 전략이다"

불확실성의 시대,
전략은 생존의 언어가 되다

IMF 외환위기 이후의 기업 환경은 불확실성과 위기의 연속이었다. 많은 기업이 도산하거나 매각되었고, 생존한 기업들은 근본적 체질 개선 없이는 회복 불가능한 상황이었다. 패션산업도 예외는 아니었다. 수요 급감과 고환율, 공급망 혼란 속에서 패션기업들은 '유행'이 아닌 '효율'을 중심으로 사고방식을 전환해야 했다.

"패션도 구조조정이 필요하다. 감성 산업이라 하여, 숫자와 논리가 배제될 수는 없다"

이 시기 제일모직은 삼성물산 에스에스패션과의 M&A로 인해 브랜드 수, 조직 인원, 유통망, 공급 규모 모두가 과잉 상태였다. 이 중첩과 비효율을 해결하지 않으면 생존이 불가능한 상황이었다.

나는 '선택과 집중' 전략을 기반으로 사업 포트폴리오의 대대적인 재구성을 주도했다. 이는 단순한 구조조정이 아닌, 경쟁우위 중심의 전략적 정렬이자, 고효율 체질로의 전환이었다.

26개 브랜드, 생존을 위한 전략적 진단과 포트폴리오 개편

1998년 2월, 제일모직은 자사의 26개 브랜드를 대상으로 전면적인 전략 진단에 착수했다. 나는 당시 브랜드 구조조정안의 기획자로서, 단순한 정리 작업이 아닌 생존 가능성과 미래 성장성 중심의 전략적 선별 기준을 수립했다. 이 평가의 핵심은 다음 네 가지 항목이었다.

- 수익성(Profitability) 기여 매출, 손익분기점 도달 여부, 고정비 대비 수익률
- 성장성(Growth Potental) 시장 확대 가능성, 신규 소비자층 유입 여지
- 전략 적합도(Strategic Fit) 전체 포트폴리오 내 중복성 여부와 차별성, 균형 기여도

- 브랜드 자산(Brand Equity) 브랜드 이미지 및 상징성, 고객 충성도 및 재구매율

이 분석 결과, 26개 중 10개 브랜드는 단계적으로 철수하거나 유사 타깃 브랜드와 통합되었다. 특히 중복되는 연령대·유통경로·스타일 콘셉트를 가진 브랜드들이 구조조정의 주요 대상이었다. 동시에, 남겨진 브랜드는 서로 시장 세분화를 명확히 하는 방식으로 재포지셔닝되었다.

"살리기 위해 고치는 것이 아니라, 살릴 수 있는 것을 남기기 위해 고쳤다"

이와 함께, 포트폴리오 전체의 전략적 균형에도 조정이 가해졌다. 당시 제일모직은 성인 남성 위주의 브랜드군(Adult Market)에 과도하게 편중되어 있었고, 젊은 세대 또는 여성 소비자군에 대한 포지션은 미약했다. 이에 따라 브랜드 구조를 Young 컨슈머 중심으로 이동시키는 '소비자 재정의' 전략이 함께 실행되었다.

그 결과, 1997년 기준 전체 매출의 75%가 Adult 중심 브랜드에서 발생했으나, 2000년에는 54% 수준으로 비중이 감소하며 Young 타깃 브랜드의 매출 기여가 크게 확대되었다.

이 흐름 속에서 '빈폴'은 클래식 캐주얼의 중심으로, '후부'는 스트리트 감성의 젊은 브랜드로 재정비되었고, 여성복 중심의 '르베

이지', 디자이너 기반의 '신시아로리' 등도 핵심 세그먼트를 담당하며 전략적으로 정렬되었다.

> "우리는 소비자의 연령이 아닌, 미래의 시간대에 투자하고자 했다"

이 브랜드 구조조정은 이후의 유통, 생산, 조직 재편까지 일관되게 반영되며, 전사적 체질 개선의 중심축이 되었다. 단순한 브랜드 정리가 아닌, 포트폴리오의 전략적 리포지셔닝이었던 것이다.

브랜드 단위의 재편 외에도 유통 채널 효율화가 동시에 추진되었다. 전국 1,300여 개에 달했던 유통망은 700개 수준으로 정리되었고, 매장당 평균 매출은 2배 이상 향상되었다. 그리고 비효율 매장 정리를 통해 고정비 부담을 대폭 절감할 수 있었다.

공급 체계 또한 대폭 슬림화되어, 1조 4천억 원이던 총공급 규모는 7,400억 원 수준으로 축소, '고수익 중심 재편'을 통해 효율을 극대화했다.

이러한 재구성의 기반은 정성적 판단이 아니라, 철저한 정량적 진단과 의사결정 체계였다. 나는 각 브랜드와 유통망의 성과지표를 수집해 매주 전략 보고서를 작성했고, 디자인·기획·영업·유통 부문이 동일한 기준으로 움직일 수 있도록 데이터 기반 커뮤니케이션 체계를 설계했다.

이 시스템은 훗날 FIRS(패션정보시스템) 개발의 모태가 되었으며, 감성 중심이던 패션산업을 경영 중심 산업으로 전환하는 첫걸음이었다.

고통의 시기, 전환의 계기

'고통의 조정'은 곧 고수익 구조 실현으로 이어졌다. 부채비율은 294%에서 130%로 떨어졌고, 재고와 채권도 줄었으며, 비효율 매장을 정리하면서 재무 건전성을 확보할 수 있었다. 결국 제일모직 패션사업부는 1999년 흑자 전환에 성공하게 되었다.

구조조정은 브랜드 수준에서 그치지 않았다. 전체 인력은 3,790명에서 943명으로 감축되었고, 조직 체계는 20개 팀에서 10개 팀으로 슬림화되었다. 이는 'Small & Good Company' 전략에 부합하는, 효율 중심 조직 운영 체계를 정착시키기 위한 필수 조치였다.

구조조정이 진행되는 동안, 나는 전략 보고서를 매주 단위로 작성했고, 각 브랜드의 상태와 유통망 데이터를 기반으로 한 의사결정 지원 체계를 정립했다. 내부 협업을 위한 기준 지표와 커뮤니케이션 프로토콜도 구축해, 디자인, 기획, 유통, 마케팅 부문이 공통의 판단틀로 움직일 수 있도록 유도했다.

이러한 작업은 단지 숫자의 조정이 아니라, '패션산업을 보는 방식' 자체의 혁신이었다. 패션은 더 이상 감각의 산물이 아니라, 기획과 분석, 구조적 사고가 필요한 종합 산업이었다. 이 시기 제일모직은 살아남았을 뿐 아니라, 체질을 바꿨고, 나는 그 전환의 키(Key)를 쥔 실무자 중 하나였다.

이 모든 과정 속에서 나는 '패션은 전략이다'라는 신념을 더욱 확고히 하게 되었다. 위기 속에서도 길은 있었고, 전략적 사고와 과감한 실행이 있다면 어떤 산업도 재정비가 가능하다는 확신을 얻었다.

[표13] 〈보도자료〉 제일모직, "구조조정은 이렇게"
성공적인 구조조정 화제

제일모직 · 에스에스(대표 원대연)는 최근 공장의 분사 및 매각과 물류센터 · 직영매장 · 디스플레이팀 등의 독립기업가화를 통해 성공리에 구조조정을 마무리함으로써 국제통화기금(IMF) 이후 어려움을 겪고 있는 패션업계에서 화제가 되고 있다. IMF 이후 경영의 초점을 외형 위주에서 성장 위주로 바꾼 이 회사는 구조조정의 단기 목표(98, 99년)를 경상이익 흑자전환 부채비율 200% 미만 자산매각 1,200억 원 등으로 설정하고 본격 작업에 들어갔다.

이를 위해 우선 대구 · 안양부지(641억 원)를 매각하고 삼성전자외 관계사 주식(472억 원)을 과감히 처분, 1,113억 원의 차입금을 상환했으며 자산재평가(935억 원)를 실시, 재무구조를 개선시켰다.

또 의류물류를 담당했던 구로와 의왕의 물류센터 2곳과 전국 164개 직영매장, 20여 명의 디스플레이어팀을 '독립기업가'로 전환, 1,500여 명의 구조조정 효과를 거뒀다.

현재 이들 독립기업의 사장만도 160여 명에 달하고 있다. 이와 함께 빈체레, 프린시피오 등 비효율인 브랜드를 과감히 정리, 26개 브랜드를 16개로 축소했다.

이 같은 구조조정의 결과, 지난해 매출액은 전년 대비 377억 원이 감소된 9,721억 원이었지만 경상적자는 234억 원이 늘어난 442억 원에 그쳤다. 또 차입금 상환과 자산재평가를 통해 부채비율(186%)과 차입금 의존도(57%)를 각각 108%포인트, 8%포인트씩 낮추는 데 성공했다.

이 회사는 금융비용 절감, 인건비 절감, 수익력 향상 등을 통해 올해 경상이익을 지난해에 비해 882억 원이 늘어난 440억 원으로 예상하고 있다.

이 회사의 원대연 사장은 "성공적인 구조조정을 통해 전년 전체수출 실적을 5월에 이미 달성하는 등 섬유업계 선도기업으로 거듭나고 있다"며 "작고 빠른 효율적인 조직을 바탕으로 새로운 밀레니엄의 패션 문화를 꽃피울 기업이념을 실현해 나가겠다"고 다짐했다.

출처:《한국일보》, 1999. 05. 24.(https://www.hankyung.com/article/1996111201371)

패션정보시스템의 탄생
— 데이터를 전략으로 바꾸다

"감각은 통찰이 될 수 있지만,
지속 가능한 전략이 되려면 숫자가 필요하다"

왜 정보시스템인가:
생존을 넘어, 전략을 위해

1999년, 제일모직은 극심한 구조조정을 지나 마침내 흑자 전환에 성공했다. 그러나 나는 알고 있었다. 생존은 끝이 아니라 시작이라는 것을. 다음 질문은 분명했다.

"우리는 이제 어디로 가야 하는가?"

그 질문은 단순한 감각이나 경험으로 답할 수 없었다.
당시 살아남은 브랜드들이 시장에서 어떤 경쟁우위를 갖고 지속 가능한 성장을 도모할 수 있는가를 평가하려면, 감에 의존한 사고 방식으로는 부족했다. 우리가 맞서야 할 것은 변화하는 소비자 감성, 진화하는 유통 구조, 치열한 경쟁 구도였다. 이 모든 것을 이해하고 대응하기 위해서는 과학적인 리서치 기반의 전략 시스템이 필요했다.

특히 시계열 데이터 분석을 통해 시장을 구조적으로 이해하고, 브랜드의 수명 주기와 현재 위치를 평가하며, 차별화된 핵심역량을 발굴·확대할 수 있어야 했다. 그것이야말로 브랜드 관리의 출발이자, 지속 가능한 경영을 위한 전략적 시사점을 확보하는 길이었다.

나는 이 시스템을 FIRS(Fashion Information Research System)라 명명했다. 이는 단순한 조사도구가 아니라, 시장 정보와 내부 성과를 통합 분석해 전략적 판단을 가능케 하는 경영 플랫폼[12]이었다.

"패션은 더 이상 감각의 영역에 머물러선 안 된다. 그것은 데이터를 통해 기획되고, 분석되며, 시뮬레이션되어야 하는 복합 산업이다"

---

12) 본 절의 내용은 『전략적 사고르의 패션마케팅』(이유순 지음, 한국섬유산업연합회, 2009, pp. 55~59)의 내용을 상세히 참고하여 구성하였다. 특히 패션정보시스템의 개념적 정의와 전략적 활용 사례는 해당 저서에서 제시된 FIRS(Fashion Information Research System)의 기획 구조와 이론적 배경을 바탕으로 재정리하였다.

FIRS의 구조 설계
— 시장과 내부를 연결한 전략 리더십 시스템

FIRS는 '데이터 기반의 패션 전략 시스템'으로서 두 가지 핵심 축을 중심으로 구축되었다. 바로 FTRS(Fashion Trend Research System)와 BPRS(Business Performance Research System)이다. 이 두 축은 패션산업을 외부 시장 상황과 내부 사업 운영이라는 '양면 거울'로 들여다보게 해주는 전략적 관측기였다.

1) FTRS: Fashion Trend Research System

FTRS는 시장 예측 정보 플랫폼이다. 다음과 같은 정보 항목을 계절 주기로 정기적 수집·분석하였다.

- 패션시장 규모 트렌드 남성·여성·아동 시장
- 소비자지표(Consumer-Eye) 소비자 의식 및 구매동향
- 패션유행추종지표(Street-Eye) 착용 트렌드
- 패션상품지표(MD-Eye) 패션기업의 출시제품 흐름
- 패션유통지표(Store-Eye) 유통 채널별 구성 비중 변화
- 브랜드지표(Brand-Eye) 인지도, 선호도, 구매율 및 포지셔닝 동향
- 제품 트렌드 예측 시즌별 색상, 소재, 스타일 흐름

조사는 봄/여름/가을/겨울 4개 시즌을 기준으로 연간 2~6회까지 정기적·주기적으로 조사되어 트렌드 리포트를 생산했다. 이는 단순히 '유행'을 보는 것이 아니라, 시계열 기반의 시장 흐름과 구조

적 반복 패턴을 시각화하고 예측하는 시스템이었다.

2) BPRS: Business Performance Research System

FTRS가 바깥을 보는 눈이라면, BPRS는 안을 들여다보는 '심층 내시경'이다. 즉 BPRS는 기업 내부의 전략 실행 성과를 정밀하게 측정하고, 사업 단위·브랜드 단위에서의 의사결정을 과학화하는 플랫폼이다.

- 조직, 매출, 손익 분석
- 판매 데이터와 소비자 반응 분석
- 브랜드 충성도와 실구매자 프로파일링
- 상품, 유통 채널, 마케팅의 전략 적합도 평가
- 경쟁사 벤치마킹 및 전략 비교

무엇보다 중요한 점은, 이 시스템은 일회성 조사에 머물지 않고 반복성과 축적성을 전제로 설계되었다는 것이다.

시간의 흐름 속에서 쌓인 데이터는 결국 브랜드 수명 주기, 경쟁력 변화, 시장 내 포지셔닝을 입체적으로 보여주며, 우리가 '현재 어디에 있는가?'를 시계처럼 알려주는 이정표가 되고, 사업의 전략 시뮬레이션을 가능케 한다.

"유행은 감각이지만, 트렌드는 구조다. 구조는 예측이 가능해야 하고, 그 예측은 데이터가 만든다"

전략을 움직이는 플랫폼
— FIRS의 핵심 가치와 작동 원리

이러한 FTRS – BPRS 구조는 결국 브랜드 전략과 시장 전략의 다차원 정보통합(Strategic Intelligence Integration) 체계를 가능하게 했다.

학술적으로 보자면, FIRS는 마케팅 인텔리전스(Marketing Intelligence)와 전략정보시스템(SIS: Strategic Information System) 개념을 기반으로 설계되었다. 마케팅 인텔리전스는 기업이 외부 시장 환경을 감지하고, 기회와 위협 요인을 식별할 수 있도록 돕는 정보 구조이며, 전략정보시스템은 조직 전체의 전략적 의사결정을 지원하기 위해 핵심 데이터를 통합·분석하는 체계적 플랫폼을 뜻한다. FIRS는 이 두 이론을 융합해, 당시 한국 패션업계에 정보 기반 경영문화를 선도적으로 도입한 사례였다.

또한 이 시스템은 '시장 점유율'만 계산하는 도구가 아니라, 브랜드의 수명 주기(Life Cycle)를 시계열로 추적하고, 산업 성장률 대비 자사 성장률을 비교함으로써 경쟁우위 또는 전략적 열세의 위치를 명확히 진단할 수 있게 했다. 예컨대, 우리 브랜드가 3.5% 성장했을 때 시장이 4% 성장했다면 이는 구조적 약세이며, 경쟁사는 2.5%라면 상대적 우위라는 정량적 해석이 가능해진다.

불확실성의 시대일수록, 정보의 구조와 해석 능력은 곧 경쟁력이었다. FIRS는 바로 그 불확실성 속에서도 전략적 방향성을 잃지 않게 해주는 나침반이었다.

"정보가 흐름이 될 때, 전략은 구조가 된다.
그리고 전략은 반복되는 예측을 통해 정교해진다"

브랜드를 넘어 조직 전체로
— 빈폴을 통해 본 시스템의 확장성

FIRS는 실험적 이론이 아니었다. 나는 이 시스템을 실제 브랜드 전략에 적용했고, 그 대표 사례가 바로 빈폴(Bean Pole) 사업이다.

- 연 2회 실시된 캐주얼 시장 경쟁지표조사를 통해 핵심시장에서의 위협 요인과 기회요인을 도출해서 사업 전략을 변화시켰다.
- 브랜드 파워 지표(인지도, 선호도, 구매율, 향후 구매의향)의 변화를 시계열로 추적해서, 광고 전략과 유통 전략을 구체화할 수 있었다.
- 실구매자의 변화추이 분석으로 충성고객의 움직임을 추적하고, 선호고객과 잠재고객 유입 전략을 모색했다.
- 매장별 입점고객의 구매 성향 조사를 통해 시즌 상품에 대한 개선 요소를 도출했고, 매장 이미지 개선점을 도출했다.
- 또한 빈폴 여성, 스포츠, 액세서리 등 신규 라인 확장에 대해 소비자 니즈 기반의 전략조사를 병행했다.

뿐만 아니라, Pre-Trend → Main Trend → Color-Coordi → 상품기획 지원까지 전략 수립의 전 주기를 시뮬레이션 기반으로 운영함으로써, 빈폴은 단일 브랜드 기준 7천억 원 매출을 달성(2012년 기준)한 내재화된 전략 경영의 대표 사례로 자리매김했다.

"FIRS는 브랜드를 관리하는 도구가 아니라,
브랜드를 '성장시키는 전략 플랫폼'이 되었다"

중국 시장의 전략 실험
— 지역 정보시스템의 설계와 적용

"현지 소비자를 모르면 진정한 시장 진출은 없다"

2000년대 초, 제일모직은 국내 시장을 넘어 중국이라는 거대한 패션시장에 본격적으로 진입하고자 했다. 그러나 단순한 진출이 아니라 지속 가능한 전략적 진입을 목표로 하려면, 주먹구구식 진출이 아닌 과학적이고 시계열적인 정보 기반 전략이 필요했다. 그 출발점이 바로 중국 패션시장 정보조사시스템이었다.

당시 산업연구원의 요청으로 수행된 '중국 섬유패션시장 조사 및 경쟁력 분석' 과제(2000년 5월) 수행을 계기로, 나는 삼성패션연구소의 책임자로서 중국 패션시장의 전방위적 조사를 기획했다. 숙명여대 손희순 교수의 현지 네트워크를 활용해, 중국 학계 및 시장과의 실질적 연결고리를 구축했다. 하지만 이 조사는 단순 리서치 차원을 넘어섰다. FIRS의 글로벌 확장판이자, 중국 시장에 특화된 정보 운영 시스템 구축이었다.

"패션 전략은 감각보다 데이터가, 타이밍보다 구조가 중요하다"

이 시스템은 기존의 FIRS와 차별화된 다음과 같은 고도화된 항목을 포함했다
- 중국 소비자의 인체계측 및 체형 유형 분석 지역별로 중국 소비자들의 키, 몸무게, 체위치(Shoulder Width, Waist Height 등), 체형 유형 등을 계측하여 통계화 및 중국 내수형 의류패턴 원형 개발에 활용
- 착의 태도 및 스타일 선호도 패션 소비자들의 착장 습관, 브랜드 선호도, 구매 주기 및 구매자 성향 조사
- 한국상품에 대한 중국 소비자의 태도 중국 시장 특화형 상품기획의 근거 자료로 활용

중국은 우리의 33배에 달하는 국토와 13억 인구의 복합적 구조를 가졌기에, 해안선과 경제벨트를 기준으로 화북권(심양), 동북권(천진) 화동권(상해), 동남권(광주) 4개 권역으로 세분화하여 조사구역을 설정했다. 이를 통해 지역별 소비 특성과 산업 여건을 반영한 타당성

과 실효성을 확보할 수 있었다.

이 조사는 2000년부터 2005년까지 5년간 시계열 데이터로 누적되었으며, '삼성디자인넷차이나(SDN China)' 플랫폼과 연동되어 실시간으로 공유되었다.

"데이터는 현지를 읽는 눈이며, 전략은 그 눈으로부터 시작된다"

이 시스템은 단순히 수출을 위한 해외 시장조사 차원을 넘어서 있었다. 중국 현지 소비자의 체형, 착의 태도, 선호하는 제품 스타일 등을 반영해 제품을 기획하고, 브랜드를 재정의하며, 전략을 수립하는 데까지 확장된 통합 정보 플랫폼이었다. 다시 말해, 이는 '현지화 전략'을 실행 가능한 수준으로 정교화한 실천형 시스템이었다.

China Fashion Market Trend Research system
중국패션시장 조사시스템

Fashion Market Trend Research

- China Fashion Market Size Trend
  Man's | Women's | Children's Market size
- 중국 패션기업 성과 지표
  경쟁력 | 상품력 | 생산력 | 영업력
- 중국 패션유통 트렌드
  유통채널 특성 | 상품 구조 | 패션상권

Consumer Demand Trend Research

- China Fashion Market Size Trend
  Man's | Women's | Children's Market size
- 중국 패션기업 성과 지표
  경쟁력 | 상품력 | 생산력 | 영업력
- 중국 패션유통 트렌드
  유통채널 특성 | 상품 구조 | 패션상권
- 중국 패션유통 트렌드
  유통채널 특성 | 상품 구조 | 패션상권
- 중국 패션유통 트렌드
  유통채널 특성 | 상품 구조 | 패션상권
- 중국 패션유통 트렌드
  유통채널 특성 | 상품 구조 | 패션상권

4대 조사 권역 :
화북권(심양), 동북권(북경) 화동권(상해), 동남권(광주)

브랜드 가치
우선 경영

"브랜드는 이미지가 아니라 자산이다.
축적된 신뢰가 곧 기업의 힘이다"

브랜드는
이미지가 아니라 '자산'

1997년 IMF 외환위기 이후, 기업들은 단순한 생존을 넘어 '지속 가능한 경쟁력'이 무엇인가를 근본적으로 자문하기 시작했다. 제일모직 역시 브랜드 구조조정을 단행하며, 단기적인 매출 성과보다 브랜드의 정체성과 시장 내 신뢰도, 즉 브랜드 자산의 개념을 전략 중심으로 도입하게 된다.

당시 삼성그룹 전사적으로 디자인 경영 체제 전환이 본격 추진되었고, 제일모직도 이에 맞춰 브랜드 중심의 전략 체계를 수립했다. 구체적으로는,

- 브랜드 수를 27개에서 15개로 과감히 구조조정하고,
- 각 브랜드의 시장 내 역할과 성장 가능성을 중점 평가하여 리뉴얼 또는 철수를 결정,
- 브랜드 경험과 충성도를 자산으로 간주하는 '브랜드 가치 기반 경영'으로의 전환을 시도했다.

이러한 인식 전환은 이후 제일모직의 브랜드별 포지셔닝 전략, 투자 우선순위 결정, 조직 운영 방식에까지 큰 영향을 미쳤다.

브랜드가 소비자에게 주는 경험, 감정적 연결, 충성도, 상징성은 재무제표에는 잡히지 않지만, 기업의 미래를 좌우하는 핵심 자산임이 분명했다.

브랜드 가치
진단 체계의 구축

브랜드를 전략적으로 키우기 위해서는 정량과 정성의 균형 잡힌 평가 체계가 필요했다. 나는 내부적으로 브랜드 리포지셔닝 전략서를 정비하고, 시장별 세분화를 기반으로 브랜드의 미래 성장 가능성을 평가하는 시스템을 설계했다.

이를 위해 다음과 같은 핵심 도구들을 도입했다.

① 브랜드 중심 구조 재편
- 3대 핵심역량(3 CSFs, 디자인(Design System), 스피드(Integrated SCM), 서비스(Marketing Channel)) 중심의 통합 운영 체계[13]
- 각 세분시장에 '브랜드 파워 1위' 도약을 위한 재편 전략 시행
- 브랜드 간 카니발리제이션(cannibalization) 방지를 위한 세분화 포지셔닝 전략 추진(예: 로가디스 화이트/그린/블루/블랙 라인 구분)

② 브랜드 파워 조사 실시
- 시장 내 인지도, 선호도, 충성도 등을 조사하는 브랜드 파워 서베이
- 각 브랜드의 소비자 기반 및 확장 가능성을 정량 지표화

③ 브랜드 경쟁력 평가위원회 구성
- 교수, 언론인, 백화점 바이어 등 외부 전문가 17인으로 구성
- 브랜드별 이미지, 시장 적합성, 마케팅 역량, 매장 환경, 상품 경쟁력 등을 항목별로 정기 평가
- 연 2회 간담회 및 간접 조사, 설문 기반 분석으로 구체적 개선 과제 도출

---

13) 3 CSFs에 대한 상세한 내용은 『전략적 사고로의 패션마케팅』(이유순 지음, 한국섬유산업연합회, 2009, pp. 142~143)의 내용을 참고하였다.

이 시스템은 단기 성과 중심 경영을 넘어, 브랜드의 '성장 잠재력'과 '시장 내 기여도'를 종합적으로 판단하는 선제적 경영 도구로 자리 잡았다.

패밀리 브랜드 전략으로
가치를 확장하다

브랜드의 장기적 자산화는 '하나의 이름으로 다양한 소비자 라이프스타일을 아우를 수 있는 구조'를 갖추는 데서 완성된다. 이를 위해 나는 패밀리 브랜드 전략(Family Brand Strategy)을 제안하고 실현하였다.

Bean Pole(빈폴) : 'Total Family Brand'로의 진화

빈폴은 1989년 American Traditional Casual을 지향하며 시장에 등장했다. 당시 한국 남성복 시장에서 낯설었던 트래디셔널 캐주얼이라는 콘셉트를 내세운 빈폴은, 진출 초기에는 이미 국내에 인지도를 확보한 폴로(Polo Ralph Lauren)를 철저히 벤치마킹하는 'Polo-Brand 모방전략'을 전개하였다. 하지만 단순한 모방에 머무르지 않고, 기획과 품질, 유통 전략에서 빠른 실행력을 보여준 결과, 브랜드 론칭 3년 만에 국내 시장에서 폴로를 추월하는 성과를 거두었다.

1994년 연중 정상가 No-Sale 정책, 고품격 SI와 VMD 전략, 트래

디셔널 이미지 고수, CSI 조사 기반 품질혁명 등을 통해 국내 캐주얼 시장 1위로 도약했다.

1997년 이후 빈폴은 하나의 브랜드를 넘어, 전 연령과 라이프스타일을 아우르는 'Total Family Brand' 전략으로 진화하기 시작했다. 빈폴 액세서리(1997), 빈폴레이디스(2001), 빈폴골프(2002), 빈폴진(2003), 빈폴키즈(2003), 빈폴아웃도어(2011) 등으로 브랜드 라인을 점진적·전략적으로 확장하면서, 빈폴은 단일 의류 브랜드를 넘어 고객의 삶 전반을 아우르는 라이프스타일 브랜드로 자리 잡았다.

이처럼 빈폴은 초기 모방전략에서 출발했지만, 철저한 기획, 품질 중심의 운영, 브랜드 철학의 일관성, 그리고 세심한 시장 확장 전략을 통해 '패밀리 브랜드'의 모범적 진화를 이뤄낸 국내 대표 브랜드로 성장하였다.

Rogatis(로가디스): All of ROGATIS 전략

1986년에 출범한 로가디스는 당시 급변하는 남성복 시장의 세분화 트렌드를 반영하며, 보다 체계적이고 전략적인 브랜드 포지셔닝을 시도했다. 단일 브랜드로서 전 연령대와 다양한 착용 목적을 아우르기 위해, 로가디스는 '화이트(White)', '블루(Blue)', '그린(Green)', '블랙(Black)'이라는 네 가지 레이블을 도입했다.

화이트 라인은 트렌드에 민감한 Young 세대를 겨냥한 감각적인 스타일을, 블루 라인은 정장 중심의 슈트 라인으로 비즈니스 웨어를, 그린 라인은 일상에서의 편안한 캐주얼 웨어를, 블랙 라인은 포멀한 TPO(Time, Place, Occasion)에 적합한 클래식한 스타일을 각각 담당했다. 이처럼 연령, 라이프스타일, 착용 목적에 따라 세부 레이블을 분화한 전략은 소비자별 니즈에 민감하게 대응하면서도, 전체 브랜드의 고급 이미지를 유지할 수 있는 기반이 되었다.

로가디스는 이러한 세분화를 단순한 제품군 분할이 아닌, 하나의 유기적 브랜드 전략으로 통합하고자 'All of ROGATIS'라는 브랜드 정체성을 제시했다. 이는 다층적인 라인업에도 불구하고, 브랜드 전반에 일관된 철학과 비주얼 아이덴티티를 부여함으로써, 소비자에게 혼란 없이 통합된 브랜드 경험을 제공하기 위한 전략적 선택이었다.

결과적으로 로가디스는 고급 남성복 브랜드로서의 이미지를 견지하면서도, 변화하는 시장 환경에 유연하게 대응할 수 있는 브랜드 확장성을 확보했다. 다양한 소비자 세그먼트를 포괄하면서도 흔들림 없는 정체성을 유지한 로가디스의 전략은, 국내 남성복 브랜드 포지셔닝의 대표적인 성공 사례로 꼽을 수 있다.

"브랜드 하나로 모든 세대를 포괄한다면, 그것은 제품이 아니라 세계관이 된다"

브랜드는 더 이상 '단기 매출'을 위한 포장지가 아니라, 기업의 철학을 담은 자산이다. 제일모직이 위기 속에서도 이를 중심으로 전략을 전환할 수 있었던 이유는, 브랜드를 믿고 키울 줄 아는 철학과 체계가 있었기 때문이다.

| 6장 |

숫자로 읽는 패션, 데이터로 짓는 전략

감각과 계량, 패션을 이해하는 또 하나의 언어

"우리는 신뢰하지만,
나머지는 데이터가 말하게 하라"

에드워즈 데밍(W. Edwards Deming, 미국 품질경영의 아버지)

왜 인문학도가
계량경영학을 공부했는가

"패션은 감각에서 시작되지만, 전략은 수치에서 완성된다.
나는 그 사이의 언어를 배우고, 그 언어로 미래를 설계했다"

감각의 산업에서
숫자의 언어로

2000년, 나는 다시 책상 앞에 앉았다.

제일모직에서 글로벌 전략을 수립하고, 브랜드 M&A와 라이선스 제휴, 패션정보시스템을 구축했던 치열한 시간을 지나오면서, 나는 한 가지 질문에 부딪혔다.

"우리는 왜 늘 뒷북을 치는가?
왜 전략보다 데이터가 늦게 오는가?"

패션은 흔히 '감성의 산업'이라 불린다. 하지만 그 감성은 시대, 시장, 소비자 인식이라는 맥락 위에 존재한다. 그 맥락은 결국 측정 가능한 수치로 표현될 수 있다. 나는 그때 깨달았다. 감성과 수치를 연결하는 언어—그것이야말로 미래 패션 전략의 핵심이라는 것을.

'감이 좋다'는 말은 늘 칭찬처럼 들렸지만, 그 감은 과연 재현 가능하고 예측 가능한가? 직관과 감각만으로는 전략을 반복할 수 없다. 그래서 나는 결심했다.

'감각을 설계하는 언어, 전략을 구축할 수 있는 틀을 배우자'

계량의 언어로
전략을 배우다

나는 인문학을 전공한 디자이너였고, 현장을 지휘하는 전략가였다. 그러나 그 모든 경험이 결국 '감의 축적'이었다는 사실을 인정해야 했다. 전략적 직관은 있었지만, 그것을 구조화하고 재현 가능한 시스템으로 전환하는 언어는 부족했다.

그래서 나는 다시 공부를 시작했다. 경영정보학 석사과정을 거쳐, 산업공학 박사과정으로 나아갔다. 단순한 학문적 호기심이 아니라, 현장에서 체득한 감각을 논리와 수치로 설명하고자 하는 절박한 문제의식에서 비롯된 결정이었다.

"이 도구로 패션을 설명할 수 있는가?"

패션은 본질적으로 감성의 산업이다. 하지만 그 감성은 시장, 소비자, 시대 변화라는 복잡한 맥락 속에서 끊임없이 반응하고 조정된다. 나는 그 흐름을 단지 '느끼는 것'에 머무르지 않고, '이해하고 예측하는 것'으로 전환하고 싶었다.

경영정보학은 그 여정의 첫 관문이었다. 이 학문은 기업 내 정보가 어떻게 생성되고 흐르며, 어떤 구조로 의사결정에 작용하는지를 탐구한다. 데이터를 단순한 보고자료가 아닌 전략 자산으로 인식하게 해준 계기였다.

하지만 나의 질문은 거기서 멈추지 않았다.

"이 정보로 최적의 해법을 설계할 수 있을까?"

그 질문은 나를 산업공학으로 이끌었다. 산업공학은 복잡한 현실 문제를 수식과 알고리즘으로 모델링하고, 통계 분석과 최적화 기법을 통해 합리적인 의사결정을 도출하는 구조적 학문이었다. 운용과학, 의사결정 기법, 통계 모델링—모두가 감각에만 의존하던 나의 사고를 구조화하는 도구가 되어주었다.

이 과정은 단순한 학문적 훈련이 아니었다. 나는 현장에서 직면했던 문제를 과제로 가져왔고, 전략 보고서로 정리해서 리포트로 제출했다. 강의실에서는 이론보다 현실을, 정답보다 실행을 이야기했다. 패션 트렌드의 흐름, 소비자 행동의 유형, 브랜드 충성도의 곡선, 디자인 선호도의 분산—이 모든 것을 수치로 정리하고 싶었다.

특히 나를 사로잡은 분석 도구는 '군집 분석(Cluster Analysis)'이었다. 소비자 데이터를 유형별로 나누고, 그에 따라 상품기획과 마케팅 전략을 설계할 수 있다는 가능성은 패션과 경영을 연결하는 첫 번째 다리였다. 이후 시계열 예측(Time Series Forecasting), 다변량 분석, AHP(계층적 의사결정법), 데이터마이닝 등 다양한 방법론은 디자인 기획, 유통 전략, 판매 예측을 수치화하는 데 있어 강력한 언어가 되었다.

"내 공부는 단순한 학문이 아니었다. 그것은 예술의 언어와 경영의 언어를 연결하는, 나만의 다리였다"

실험실이 된 현장,
전략이 된 감각

이제 나는 단순히 공부하는 디자이너가 아니라, 데이터를 분석하고 전략을 설계하는 실천적 기획자였다. 시즌별 판매율, 컬러 선호도, 유통 채널별 효율을 계량화해 보고서를 만들고, 브랜드팀과 마케팅팀, 유통팀이 하나의 수치를 보며 협의하는 조직을 만들 수 있었다.

그 과정에서 '감이 좋다'는 평가는 '데이터 기반의 전략'이라는 말로 바뀌었다. 내가 배운 계량의 언어는 예술의 직관을 구조화할 수 있게 했고, 나의 전략은 감성과 수치가 교차하는 지점에서 구체화되기 시작했다.

디자인실, 마케팅실, 유통팀이 모두 같은 데이터를 바라보고 전략을 이야기하는 조직이 처음으로 가능해졌다.

나는 그 변화의 한가운데서 확신했다.

"패션도 경영이다. 그리고 경영은 분석에서 시작된다"

이 말은 더 이상 선언이 아니었다. 그것은 내 경험이자 실천의 언어가 되었다.

내가 얻은 것,
내가 전하고 싶은 것

이 여정에서 나는 세 가지를 얻었다.
- 첫째, 감각을 해석할 수 있는 언어
- 둘째, 전략을 설계할 수 있는 틀
- 셋째, 현장과 이론을 연결하는 자신감

그리고 나는 세 가지를 세상에 주고자 했다.

- 첫째, 데이터 기반의 디자인 전략
- 둘째, 직관과 수치가 공존하는 기획 문화
- 셋째, 한국 패션산업이 세계와 경쟁할 수 있는 경영 언어

나는 이제 말할 수 있다.
감각의 산업에서, 숫자와 논리로 미래를 설계하는 일,
그것이 내가 계량경영학과 산업공학을 공부한 이유였다.

감각을 수치로 바꾸다
— 판매 예측 모델

"감각도 예측할 수 있다.
패션은 이제, 숫자로 말한다"

첫 번째 실험,
정수계획법

제일모직은 IMF 이후 구조조정을 거치며, '생존'이 아닌 '성장'을 위한 전략적 전환점을 모색하고 있었다.
당시 나는 확신했다.
패션산업 안에서 더 이상 '예술과 감각'의 언어만으로는 경영할 수 없으며, '수치와 논리'의 언어로 말하는 시스템이 필요하다는 것을.
그렇게 본격적인 계량화 실험이 시작되었다.

제일모직은 매 시즌 수백 개의 SKU[14]를 기획했지만, 판매 후에는 늘 같은 문제가 반복되었다. 잘 팔리는 상품은 재고가 없어 리오더 타이밍을 놓쳤고, 팔리지 않는 상품은 창고를 메웠다. 예측 불가능한 수요, 비효율적 공급, 낭비되는 운영비용. 나는 이 문제를 직감이 아닌 계량적 모델링으로 해결하고자 했다.

나는 제일모직 A 브랜드의 춘하 시즌 325개 품목 데이터를 기반으로 한 실험을 감행했다. 목표는 명확했다. 디자이너의 감각과 MD의 직관에 의존하던 기획 방식에 경영과학의 방법론을 도입하여, '최적의 제품군 구성'을 수학적으로 도출하는 것.

이 실험은 나의 석사논문 주제[15]였고, 동시에 현장에서 얻은 경험을 이론으로 구조화하는 첫 시도였다.

나는 정수계획법(Integer Programming)을 활용해, 제품군의 수익성, 판매율, 순이익률, 재고 회전율, 제품 특성 등의 조건을 통합한 수학적 기획 모델을 설계했다. 모델의 핵심 조건은 다음과 같았다:

- 월별 공급이익 최소 목표치 달성
- 제품 특성 조건(디자인 다양성, 원가 구조 등) 충족
- 전체 재고 수준 최소화

---

14) SKU(Stock Keeping Unit)는 재고관리 단위. 색상, 사이즈, 스타일 등 상품의 세부 속성별로 구분된 개별 품목을 뜻하며, 재고·판매 관리의 기본 단위로 사용된다.
15) 본 실험의 이론적 근거와 모델링 과정에 대한 자세한 내용은, 1997년 이화여자대학교 정보과학대학원 석사논문 〈정수계획법에 의한 패션제품기획에서의 최적 제품품목군 선정에 관한 연구〉에서 확인할 수 있다.

수치가 보여준 성과와 신뢰

이 모델은 단지 '숫자를 맞추는 도구'가 아니었다. 수익성 높은 제품을 전략적으로 강화하고, 손실 가능성이 높은 제품을 사전에 걸러내는 시스템이었다. 수작업이 아닌 계량 모델이 추천한 제품군은 실제 기획 현장에서 다음과 같은 결과를 이끌어 냈다.

- 재고 손실 감소 약 2억 원 규모의 재고 손실 절감
- 기획 효율 향상 제품군 수는 평균 18% 축소되었지만, 수익성은 오히려 향상됨
- 수익률 개선 판매율, 순이익률 등 모든 지표에서 수작업 대비 우수한 성과
- 의사결정 속도 향상 시나리오별 자동 분석으로 전략 수립이 신속해짐

이것은 단순한 학문적 실험이 아니었다. 무엇보다 중요한 변화는, 조직의 관점이 바뀌었다는 점이었다.

그해 A 브랜드 MD들은 '디자인을 수치로 설명할 수 있다'는 새로운 인식을 갖게 되었고, 패션기업에서도 경영과학의 언어가 적용될 수 있다는 신뢰가 조직 내에 확산되었다.

감각과 수치가
만난 순간

이 실험은 나에게 하나의 통찰을 남겼다.

"패션은 감각의 산업이지만, 그 감각도 경영될 수 있다"

디자인과 기획, 유통과 리오더, 재고와 마케팅—그 모든 요소가 수치로 설명 가능해질 때, 전략은 더욱 정교해지고 실행은 더 빨라질 수 있다.

나는 이 경험을 기반으로 패션정보시스템(FIRS), 군집 분석, 소비자 세분화 전략으로 확장해 나갔고, 이는 제일모직이 구조조정을 넘어서 '예측 가능한 패션경영'을 실현할 수 있는 기틀이 되었다.

이 실험은 단지 하나의 프로젝트로 끝나지 않았다.

감각을 수치로 바꾼다는 것, 그것은 내가 이후 수많은 전략 프로젝트와 정보시스템 설계에서 끝까지 지키고자 했던 철학이었다.

'감각은 창의의 출발점이지만, 수치는 그것을 시장에서 실현하는 언어다'

고객을 세분화하다
— 소비자 군집 분석

"세분화는 차이를 보는 눈이다.
고객의 다름을 읽을 때, 전략은 진짜로 작동하기 시작한다"

'우리 고객은 누구인가?'에서 출발한 도전

"우리는 누구를 위해 이 옷을 만드는가?"

이 질문은 디자이너와 마케터 모두가 매 시즌, 아니 매일같이 자문하는 질문이었다. 시장은 넓고 소비자는 많았지만, 모두가 같은 니즈를 가진 사람은 아니었다. 연령, 소득, 취향, 감성, 가격 민감도, 구매 주기—이 복잡한 변수들 속에서 '하나의 고객상'을 상정하는 것은 점점 무의미해지고 있었다.

그래서 나는 소비자 군집 분석(Cluster Analysis)에 주목했다. 브랜드 전략은 더 이상 '하나의 고객'만을 향할 수 없었고, 이제는 '서로 다른 여러 고객'에게 다르게 말할 수 있어야 했기 때문이다.

1999년, 제일모직의 여성복 브랜드를 대상으로 중가 여성복 시장을 세분화하는 프로젝트, 일명 '여성복 시장 세분화' 프로젝트가 시작되었다. 이 프로젝트의 질문은 단순했다.

"우리 고객은 정말 누구인가?"

하지만 이 질문에 답하기 위해서는 복합적인 데이터 수집이 필요했다.
- 기초 인구통계: 연령, 소득, 직업
- 행동 데이터: 구매 제품, 구매 가격, 구매 주기, 반품 사유, 주요 고려 요소
- 심리 요인: 브랜드 충성도, 광고 반응도, 이미지 선호도

처음에는 내부에서도 회의적 시선이 있었다. '정말 이런 분석으로 고객이 보이겠어?' 그러나 나는 통계 소프트웨어를 활용해 데이터를 분석했고, 그 결과는 예상을 뛰어넘는 명료함으로 다가왔다.

세 가지
소비자 유형의 등장

군집 분석 결과, 세 가지 주요 소비자 유형이 뚜렷하게 도출되었다.

① 고가 이미지 선호형

브랜드의 상징성과 고급스러움을 중요시한다. 연간 구매량은 적지만 객단가가 높고 브랜드 충성도가 강하다. 매장 인테리어, VIP 이벤트, 고급 광고 비주얼 등에 민감하게 반응한다.

② 실용 중심 가성비형

가격 대비 품질을 중시하고, 기본 아이템을 반복 구매하는 경향이 있다. 교환·반품 정책, 포인트 적립 혜택, 세일 및 아울렛에 대한 반응도가 높다. 일상적이면서도 기능적인 니즈가 강하다.

③ 신상품 탐색형

신제품에 민감하고, 매장 방문 빈도가 높으며 '나만 아는 아이템'을 찾고자 하는 욕구가 강하다. 월간 캡슐 컬렉션이나 SNS에서 화제가 된 상품에 큰 관심을 보이며, 유행을 선도하는 소비자다.

이 세 유형은 브랜드가 제공해야 할 가치와 커뮤니케이션 방식이

얼마나 달라져야 하는지를 명확히 보여주었다.

고객이 보이자
전략이 달라졌다

나는 이 분석 결과를 기반으로 브랜드 기획팀에 군집별 맞춤 전략을 제안했다.
- 고가형 고객을 위해서는 시즌 한정 리미티드 에디션과 VIP 전용 이벤트, 고급스러운 매장 연출을 강화했다.
- 가성비형 고객에게는 핵심 SKU 위주의 안정된 기본 라인, 교환 편의성, 가격 대비 가치 중심의 메시지를 전달했다.
- 탐색형 고객에게는 월별 캡슐 컬렉션, 첫 출시에만 공개되는 한정 상품, SNS 연계 마케팅을 집중 운영 했다.

이 전략은 단순한 기획 변경이 아니라, 브랜드 전체의 시선과 언어를 바꾸는 계기가 되었다. 이후 월별 신상품 반응률, 리오더 회전율, 매장 방문 유입률 등에서 뚜렷한 상승세가 나타났다.

무엇보다 현장에서 일하던 디자이너와 MD들이 처음으로 이렇게 말했다.

"이제 우리 고객이 누구인지, 정말 보이는 것 같아요"

그날 이후, 우리는 단순히 '옷을 파는 회사'가 아니었다. 사람의 감성과 행태를 해석하고, 그것을 전략으로 구조화하는 회사로 변해 갔다.

감각을 구조화하다:
디자인과 데이터의 만남

군집 분석 결과가 조직 안에 스며들자, 디자이너와 마케터들의 사고방식에도 변화가 일어났다. 초창기에는 이런 반응도 있었다.

"디자인에 숫자가 무슨 소용인가요?"

그러나 시간이 지나면서 점차 인식이 바뀌었다. 수치는 타깃을 구체화했고, 그들의 감각이 시장에서 어떤 반응을 얻는지 증명하는 기준이 되었다. 디자인은 감각에서 시작되지만, 수치와 만나면서 전략이 되었고, 실행력이 생겼다.

나에게 계량경영은 예술을 경영의 언어로 번역하는 도구였다. 디자인은 여전히 손으로 하는 일이었지만, 그것이 닿는 사람의 마음을 이해하고 설계하는 일은 이제 머리로도 이루어져야 했다.

나는 확신했다.

'미래의 디자이너는 손이 아닌 머리로도 그림을 그릴 수 있어야 한다'

이후 계량화는 내 전략과 교육, 컨설팅, 그리고 데이터 기반 플랫폼 경영의 기초가 되었다. 수치를 읽으면 사람을 이해할 수 있었고, 사람을 이해하면 시장을 설계할 수 있었다.

"패션이 예술이라면, 경영은 수학이다.
그 둘이 만나는 곳에서, 진짜 미래가 만들어진다"

고객을 연결하다
— CRM과 데이터마이닝 전략

"사람을 이해하지 못하면 전략도 없다.
데이터는 고객의 감각을 해석하는 또 하나의 언어다"

고객은 연결되어야
비로소 데이터가 된다

1990년대 말부터 기업은 "고객 중심"을 외쳤지만, 실제 고객의 목소리를 제품이나 전략에 반영하는 일은 쉽지 않았다. 대부분의 기업은 매출 지표나 리포트를 통해 시장을 이해했고, 고객은 그저 '구매 실적'으로만 분류되곤 했다. 나 역시 그런 시기를 통과하며, '고객을 연결하는 전략'이 왜 필요한지를 절실히 체감하게 되었다.

내가 기획한 CRM 기반 마케팅 프로젝트는 단순히 고객 정보를 수집하는 데 그치지 않았다. 실제 고객의 행동과 맥락을 정량화하고, 그 안에서 관계의 힌트를 찾아내는 과정이었다. 데이터는 사람의 흔적이었고, 그 흔적을 모아 '스토리'로 바꾸는 것이 이 전략의 본질이었다.

그 시작은 고객 데이터베이스를 '정리하는 일'이었다. 구매 시점, 제품군, 교환·반품 이력, 이벤트 응답률, 고객문의 등을 통합한 뒤, 고객을 단순히 VIP, 일반, 비구매자로 나누는 것이 아니라 그들의 구매 맥락과 관계성을 기준으로 새로운 분류체계를 설계했다.

이러한 분석의 핵심은 단순 분류가 아니라, "왜 이 시점에 이 제품을 선택했는가?"라는 질문에 데이터로 답하는 것이었다. 고객을 연결하는 전략은 곧, 고객의 맥락을 해석하는 전략이었다.

"CRM은 고객을 '데이터'로 이해하는 기술이 아니라, 고객의 '기억'을 이어주는 전략이다"

데이터마이닝:
고객의 진심을 읽는 기술

우리는 고객이 무엇을 구매했는지를 보는 것이 아니라, '왜 구매했는가', '무엇과 함께 구매했는가', '다음에는 무엇을 구매할 것인가'를 예측하는 분석에 주목했다. 그 핵심에 데이터마이닝(Data Mining) 기법이 있었다. 당시로서는 아직 낯설었던 이 분석

법은, 숨은 패턴을 찾아내는 데 탁월한 효과를 보였다.

가장 유용했던 것은 연관규칙 분석(association rule analysis)이었다. 대표적으로 '장바구니 분석(Basket Analysis)'을 통해 함께 구매되는 상품의 조합을 파악하거나, 생일·결혼기념일·출산 등 특정 라이프 이벤트에 따라 제품 선택이 어떻게 달라지는지를 추적했다. 이를 통해 단순 추천을 넘어 감성적 니즈까지 반영된 맞춤형 제안을 시도할 수 있었다.[16]

예를 들어, 기존에는 보이지 않았던 '감성 연결점'—'자녀 생일을 앞두고 고급 이불을 구매한 고객이 다음 시즌에는 홈데코 소품을 함께 구매한다'는 패턴—을 발견했다. 단순한 상품 연계가 아니라, 고객의 감정 변화와 생활 주기를 파악하는 기술적 통찰이었다.

이러한 분석 결과는 곧 마케팅 메시지로 전환되었다. 우리가 설정한 타겟은 "VIP 고객"이 아니라 "지금, 관심이 필요한 고객"이었다. 정교한 분석을 통해 예측 기반 메시지를 제공하자 응답률은 눈에 띄게 상승했고, 재구매율은 1년 사이 20% 이상 향상되었다. 당시 프로젝트는 'CRM의 실질적 전환점'이라는 평가를 받았고, 타 사업부에서도 벤치마킹 사례로 전파되었다.

"고객을 수치로 읽는 것이 아닌, 이야기로 해석하는 브랜드만이

---

16) 자세한 이론적 근거 및 분석 기법에 대한 실제 적용 사례는 이유순, 「데이터마이닝을 이용한 CRM 사례연구」, 『한국패션비즈니스학회지』, Vol.6, pp.136~150(2002)을 참조

충성도를 전략으로 바꾼다"

기술보다 중요한 건
해석의 감각이다

데이터마이닝은 '기술'이었지만, 그것을 해석하는 힘은 '감각'이었다. 단지 연산을 돌려 나온 결과를 마케팅에 반영하는 것이 아니라, 고객의 이야기를 듣고 그것을 전략으로 번역하는 감각이 필요했다. 이 프로젝트는 기술과 감각이 유기적으로 결합될 때 데이터가 전략이 된다는 점을 보여준 계기였다.

CRM 시스템은 결국 '기록'의 도구에 불과하다. 중요한 것은 그 기록에서 관계의 힌트, 감정의 변화, 시기의 의미를 읽어내는 실무자의 해석력이다. 데이터는 수많은 수치로 존재하지만, 그것을 브랜드와 고객의 '정서적 연결'로 전환하는 일은 인간의 역할이었다.

그 경험 이후, 나는 마케팅을 숫자가 아니라 '맥락의 해석'으로 보기 시작했다. 데이터는 결국 사람을 닮아야 한다. 고객을 연결한다는 것은 데이터를 연결하는 것이 아니라, 고객의 삶을 이해하고 브랜드가 그 안에서 의미 있는 대화 상대가 되는 일이다.

"데이터는 관찰된 사실이 아니라, 해석된 감각이다"

시장을 수치화하다
— 패션시장 규모 추정 모델

"시장을 측정하지 못하면 전략은 존재할 수 없다.
숫자는 패션의 미래를 설계하는 가장 정직한 언어다"

시장은 있었지만, 수치는 없었다

"시장 크기를 모르고 사업을 한다는 것은, 나침반 없이 항해하는 것과 같다"

1997년, 제일모직에 근무하던 나는 반복되는 질문에 직면했다.
"우리 브랜드는 시장에서 어떤 위치에 있는가?"
"이 시장은 얼마나 큰가?"
"지금의 성장은 업계 전체의 흐름인가, 아니면 우리만의 성과인가?"

당시 삼성그룹은 '일류화 경영'을 본격적으로 추진하고 있었고, 모든 사업부에 객관적이고 정량적인 기준을 요구했다. 그러나 한국 패션업계에는 그 기준이 존재하지 않았다. 시장 규모에 대한 공식 통계는 부재했고, 일부 기관이 발표하는 수치는 어디까지나 추정에 불과했다.

그때 나는 결심했다.

"누군가는 만들어야 한다면, 내가 만들겠다"

당시 통계청의 가계 소비실태조사, 소매유통조사, 금융감독원의 재무자료 등을 짜깁기해 패션시장 규모를 추정하는 시도가 간헐적으로 있었지만, 그것은 어디까지나 단편적이었다.

의류·가방·신발처럼 단순 품목 분류에 기반한 숫자들이었고, 브랜드별 매출이나 유통 채널별 수요 구조를 파악하기엔 한계가 있었다.

나는 다시 본질적인 질문 앞에 섰다.

"우리는 지금 시장에서 어디쯤 있는가?"

"이 시장의 성장과 축소는 어떻게 측정할 수 있는가?"

그때까지 업계는 이러한 물음을 감각이나 언론 기사로 짐작할 뿐이었다. 하지만 삼성그룹이 내게 요구한 것은 명확했다.

"정량적 언어로 시장을 정의하라"

그래서 나는 시장을 단순히 공급자의 관점에서가 아니라, 사람—즉 소비자—의 관점에서 풀어보기로 했다.

시장 규모를 단순 계산이 아닌, 그 안에 있는 사람들의 감각과 구매 움직임을 데이터로 전환해 보자는 시도였다.

전략은 맥락 위에 서야 한다.

그리고 그 맥락은 "우리는 어디에 있는가?"라는 질문에 답할 수 있을 때 비로소 존재할 수 있다.

대한민국 패션시장 규모는 이렇게 만들어진다

시장 규모 추정 모델을 설계할 때 나는 두 가지 원칙을 세웠다.

첫째, 시장 규모는 '공급자'가 아니라 '소비자'의 눈으로 추정되어야 한다.

당시 대부분의 시장 자료는 브랜드 매출이나 유통업체의 공급금액을 기준으로 추산되었다. 그러나 그 방식은 실제 소비자의 구매 동기, 감성, 라이프스타일, 충성도와 같은 심층 요인을 반영하지 못한다.

나는 시장을 파악하려면, '사람이 무엇을, 왜, 어떻게 구매하는가?'에 대한 직접적인 조사와 분석이 필요하다고 보았다. 그래서 모델의 중심을 '공급자 시각'이 아니라 '소비자 기준'으로 전환했다.

이를 위해 전국 16개 시도를 대상으로 성별, 연령, 소득 등 인구통계학적 요소에 따라 층화추출 된 표본을 구성하고, 직접 면접조사를 통해 6개월 단위의 실제 구매 데이터를 수집했다.

조사 항목은 구매 품목, 수량, 금액, 사용 목적, 브랜드, 유통경로, 구매 만족도, 교환 빈도 등으로 구성되었다.

이를 통해 단순 판매 수치를 넘어, 소비자의 심리와 문화까지 포괄하는 정밀한 시장 추정 모델을 완성할 수 있었다.

둘째, 데이터는 '일회성 보고서'가 아니라 '시계열 자산'이 되어야 한다.

기존 자료의 또 다른 문제는 비정기성에 있었다. 1~2년에 한 번, 혹은 필요할 때마다 작성되는 자료로는 트렌드 변화나 구조적 재편을 읽어낼 수 없다.

패션처럼 계절성과 민감도가 높은 산업에서는 정기적인 추적이 곧 전략의 핵심이다. 그래서 이 모델은 연 2회, 상·하반기 정기조사 체계로 설계되었다. 단편적 수치가 아니라, 시간의 흐름을 따라 누적되는 시계열 데이터를 통해 패션시장의 '맥박'을 진단할 수 있도록 했다.

이러한 구조 덕분에 이 모델은 단발성 자료가 아니라, 트렌드와 소비 패턴의 변화, 브랜드별 시장 기여도, 세대 전환 흐름 등을 포착할 수 있는 지식 자산으로 발전했다.

그리고 이것이 바로, 패션경영을 데이터 기반 전략으로 끌어올리기 위한 나의 첫 아키텍처였다.

정량 모델로 본
대한민국 패션시장 구조

내가 개발한 시장 규모 추정 모델은 다음 세 가지 축으로 구성된다.[17]

① 소비자 구매 실태 조사 기반 추정모형
- 전국 16개 시도에서 성·연령별 층화추출 및 PPS(확률비례표집) 방식으로 표본 구성
- 직접 면접조사를 통해 6개월간 자신이 실제로 착용 목적으로 구입한 품목의 수량, 금액, 브랜드, 유통 채널, 만족도 등 수집
- 수집 데이터를 바탕으로 8개 세분시장(남성복, 여성복, 캐주얼복, 스포츠복, 내의, 아동복, 신발, 가방)의 규모를 계산

내가 개발한 시장 규모 추정 모델은 아래 공식을 기반으로 한다.

---

[17] 본 모델은 필자의 박사논문 〈패션시장 수요예측 모형개발에 관한 연구〉(2011년, 이화여자대학교 대학원 경영학과 박사학위논문)를 바탕으로 구성되었으며, 모델 구조 및 수식에 대한 자세한 내용은 해당 논문에서 확인할 수 있다.

시장 규모 추정 공식 (***F=Ti × Ci × Pi × Si***)

    F: 최종 시장 규모

    Ti: 인구통계 지표(타깃 소비자 수: 연령 · 성별 · 소득 분포)

    Ci: 카테고리별 구매 빈도(의류, 가방, 신발 등)

    Pi: 평균 구매 단가

    Si: 시즌별 구매 빈도(구매율)

② 정량적 예측 모델링(Forecast Modeling)
- 단일변량 시계열 모형: 지수평활법, 선형 회귀, 가법 윈터스 모델 등 9개 예측 기법을 항목별로 적용
- 다변량 회귀 모델: KOSPI, 민간소비증가율, 가처분소득, 인구수, 의류소비자물가지수 등 43개 거시지표와의 상관분석
- 모델의 성능은 실제 판매 데이터와 비교하여 MAPE(평균 절대오차율)로 평가되었고, 약 90% 이상의 정확도를 기록

③ 심리 지수와 구매 행태 결합(Fashion Consumer Index)
- 구매 만족도, 유행 민감도, 가격 민감도, 상표 충성도 등 네 가지 심리 지수를 통합 추적
- 단순히 '얼마나 팔렸는가?'를 넘어, '왜 구매했는가?'에 대한 해석 제공
- 이는 마케팅 기획, 리오더 판단, 디자인 방향성 설정 등 의사결정 전반에 실질적 인사이트를 제공

시장 데이터는
전략의 '지도'가 된다

　　　　　내가 개발한 이 시장 추정 모델은 단순히 숫자를 만드는 도구가 아니었다. 그것은 전략적 의사결정의 '지도'이자, 브랜드가 어디에 있고 어디로 가야 하는지를 가늠하게 해주는 나침반이었다.

　당시만 해도 많은 기획자들은 감각에 의존해 신제품을 개발했고, 브랜드 확장이나 신시장 진입은 경험이나 임원의 판단에 의해 이뤄졌다. 그러나 숫자는 그 불확실성을 줄여주는 도구였다.

　아래는 이 모델이 실제로 제공한 세 가지 핵심적 역할이다.

① 시장 진입 전략의 설계도

　신규 브랜드를 기획할 때, 혹은 기존 브랜드의 세그먼트를 확장할 때마다 늘 등장하는 질문은 같았다.

　"이 시장은 충분히 존재하는가?"

　이제 그 질문은 데이터로 답할 수 있었다. 예컨대, 20대 여성복 시장이 연간 약 1.8조 원 규모이며, 연평균 성장률 4.2%를 보이고 있다면, 이 세그먼트에 진입할 타당성을 객관적으로 판단할 수 있었다. 더욱이 세부 데이터에 따라 소득 하위 30%는 가격 민감도가 높고, 상위 10%는 브랜드 충성도가 높다는 정보까지 파악되면, 제품 라인업과 가격 정책의 방향도 명확해졌다. 이는 단순한 진입 여부를 넘어, 어떻게 진입할 것인가에 대한 정교한 전략 설계로 이어졌다.

② 브랜드 성과의 상대평가 지표

브랜드 실적을 평가할 때 흔히 사용하는 매출 성장률이나 수익률은 절대적 수치일 뿐이다.

하지만 중요한 것은 '경쟁 대비 우리 브랜드가 얼마나 잘하고 있는가'라는 상대적 시각이다.

예컨대 업계 평균 성장률이 7%인데, 우리 브랜드는 4% 성장에 그쳤다면, 외형적으로는 상승해도 내부적으로는 경고 신호였다.

또한 특정 카테고리의 성장률이 -2%였을 때, 그 안에서도 성장한 브랜드가 있었다면, 그것은 구조적 우위를 의미했다. 이 모델은 그런 '시장 기준의 성과 평가'를 가능하게 만들었다.

내부만 보는 조직은 자기 확신에 빠지고, 시장을 함께 보는 조직은 현실을 마주한다. 이 도구는 우리 조직이 후자를 선택하게 만든 언어였다.

③ 국가 정책과 공공 지원의 근거

2009년 이후 이 모델은 한국섬유산업연합회, 한국패션협회, 산업자원부 등과 협력해 산업 전략의 근거 자료로 확장되었다.

특히 중소기업 지원 정책, 지방 산업육성 계획, 청년 디자이너 지원사업 등에서도 '어떤 분야에 얼마만큼 시장이 있고, 그곳에 정부가 왜 개입해야 하는가?'에 대한 설명이 요구되었다.

과거에는 '패션은 창의적 산업이므로 감성적 평가가 필요하다'는 인식이 강했다. 그러나 이 모델은 '감성을 육성하려면 수치가 있어야 한다'는 근거 중심의 설득을 가능하게 했다.

　정부는 이 데이터를 바탕으로 브랜드 육성 사업을 타깃화했고, 일부 지역 패션 클러스터 정책은 이 모델에서 도출된 지역별 소비 잠재력 분석 결과에 기반하여 수립되었다.

　이처럼 시장 데이터는 단순한 숫자가 아니라, 브랜드, 산업, 정책을 연결하는 전략의 지도였다.

데이터가 산업을 정의한다

　　　　　나는 이 모델을 단순히 '시장 분석 도구'로 만들지 않았다. 이것은 선언이었다.

　"이제 패션도 감이 아니라, 과학으로 말해야 한다"

이 모델은 그 선언을 실현한 첫 번째 실천이었다.

　과거의 패션경영은 '직감의 합리화'였다. 경험 많은 실무자, 영업부장의 감, 그리고 몇몇 선도 브랜드의 매출 흐름이 '시장의 분위기'였다. 그러나 시장이 구조적으로 재편되고, 소비자의 감성이 파편화되며, 유통 채널이 다변화되는 시점에서 더 이상 감각만으로는 해석할 수 없는 세계가 펼쳐졌다.

나는 이러한 변화에 대응하기 위해, 이 모델을 박사논문의 핵심 주제로 삼았다. 학계에서는 "패션처럼 비정형적 산업에 정형 모델이 들어맞을 수 있느냐?"는 의문이 많았지만, 오히려 나는 그 비정형성을 수치화할 수 있는 방법론을 설계하는 것이 더 창의적인 도전이라 생각했다.

이후 나는 학회에서 이 모델을 수차례 발표했고, 국내외 시장 조사 기관 및 경영 전략가들로부터 "비정형 데이터를 산업 지표로 만든 최초 사례 중 하나"라는 평가를 받기도 했다.

그리고 지금, 이 모델은 내가 운영하는 '패션인트렌드(Fashion In Trend)'라는 이름의 데이터 기반 컨설팅 사업의 핵심이 되었다. 매년 2회, 20년 넘게 이 모델로 시장 규모를 정기 추정하고, 기업 전략과 정책 제안에 활용해 왔다.

이 모델은 한국 패션시장을 가장 오랫동안, 가장 지속적으로, 가장 일관된 방식으로 설명해 온 데이터 자산이 되었다.

나는 매년 봄과 가을, 대한민국 패션시장을 수치화할 때마다 한 문장을 되새긴다.

"시장을 아는 것이 전략의 시작이다.
그리고 데이터를 가진 자만이 그 전략을 말할 수 있다"

디자인을 데이터로 예측하다
— 패션 트렌드 추종 모델

"트렌드를 감각으로 느끼는 것이 아니라,
데이터로 설계하는 시대가 왔다"

트렌드 추종 모델의 시작:
감성의 경영화를 위하여

"패션의 감각은 순간이지만, 감각을 잡는 방법은 과학이다"
나는 그렇게 믿기 시작했다. 시장의 크기를 추정하는 것만큼이나 중요한 일이 있다면, 그것은 바로 '디자인의 방향'을 예측하는 일이었다.

어느 시즌에 어떤 소재가 유행할지, 어떤 실루엣이 주목받을지, 어떤 감성의 이미지가 소비자의 마음을 움직일지를 아는 일은 패션 비즈니스의 시작점이자 승패를 가르는 열쇠였다.

그러나 이 예측은 더 이상 디자이너의 감각만으로 해결할 수 없는 시대가 되었다. 내 안의 질문은 점점 더 깊어졌다.

"감각이 예술이라면, 감각을 측정할 수는 없는가?"

이것이 FDB(Fashion & Textile Big Data Research) 시스템의 출발이었다.

1980년대 이태리 카우텐그룹에서 디자이너로 활동하던 시절, 나는 늘 15개월 앞을 보며 디자인했다. 파리의 프레미에르 비종(Première Vision) 전시회에서 차차기 시즌의 원단을 발주하고, 트렌드북을 분석했다. '케냐의 민속미술', '북극의 빛', '스칸디나비아의 자연주의' 같은 테마를 따라 현지 조사를 다녔다. 밀라노 사무실로 돌아오면 수집한 감성 데이터를 바탕으로 시즌 콘셉트를 기획하고, 드로잉과 시제품을 완성했다.

이 복잡한 창작과 생산의 흐름—약 18개월의 여정—을 나는 언젠가 데이터로 재구성하고 싶었다. 그 세계에 논리와 계량이라는 언어를 입히고 싶었다. 감각은 순간을 포착하지만, 경영은 지속을 설계한다. 그 간극을 메워줄 '전략의 다리'가 필요했다.

FDB 시스템: 감각을 분석으로 전환하다

삼성패션연구소 재직 당시, 나는 디자인 전략의 정밀도를 높이기 위해 패션 트렌드도 시장처럼 수치 기반 시스템으로 예측할 수 있어야 한다고 보았다. 그렇게 시작된 것이 오늘날 FDB(Fashion & Textile Big Data Research) 시스템이다.

이 시스템은 디자인의 흐름을 추적하고 예측하는 3단계 정보 구조를 기반으로 한다.

- T_1: 소재 트렌드 조사 프레미에르 비종(PV Paris) 원단 전시회와 글로벌 소재 박람회에서 발표된 소재기업의 출시 신제품별로 컬러, 텍스처, 조직 등의 트렌드를 수집한다.
- T_2: 캣워크 분석 밀라노, 파리, 뉴욕, 런던 등 4대 컬렉션에서 발표되는 각 브랜드의 스타일, 실루엣, 소재, 프린트 패턴 등을 룩 단위로 수집한다.
- T_3: 리테일 마켓 추적 국내외 주요 백화점 및 편집숍에 출시된 신상품을 품목, 소재, 가격 중심으로 실시간 조사하여, 실제 소비와 가장 가까운 트렌드 수렴 데이터를 수집한다.

이렇게 수집된 연간 14,000여 개의 이미지 데이터는 주제(테마), 소재, 색상, 디테일, 실루엣, 스타일 키워드로 태깅되어 트렌드 지수화된다. 이 데이터는 과거 트렌드와 미래 제품 간 연결 패턴을 시계열로 분석하고, 차기 시즌 핵심 키워드를 도출하는 데 활용된다.

Fashion & Textile Big Data Research System
패션제품 빅데이터 조사시스템

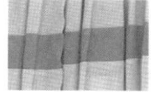 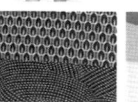   

Anne Taylor $119 Polyester   Anne Taylor $149 Polyester 100   Anne Taylor $79.50 Linen 100   Massimo Dutti €79.95 cotton 100   Maxmara €269 Viscose 50, Flaxlinen 50

T1	제품출시 24~18 개월 전	신소재 트렌드 조사	글로벌 패션소재기업 신상품 (글로벌 소재전시회 발표)
T2	제품출시 12~6 개월 전	브랜드 캣워크 분석	글로벌 패션브랜드 컬렉션 제품 (글로벌 캣워크 발표)
T3	제품출시 현재	마켓 출시제품 추적	글로벌 패션브랜드 마켓 출시 제품 (글로벌 스토어 출시)

감각에서 전략으로:
디자인 데이터를 조직의 언어로 바꾸다

전통적인 유럽형 트렌드북(Peclers, Promostyl 등)은 전문가의 직관에 기반한 정성적 제안서였다. 이미지와 소재 샘플은 풍부했지만, 논리적 설명이나 시계열 분석은 부족했다.

반면 FDB는 정량화된 데이터, 이미지 태깅, 텍스트 코드화, 통계 기반 예측을 통해 디자인 흐름을 계량화하는 시스템이다.

이 데이터는 시즌별 7,000개 이상의 정성 정보를 구조화하며, SAS나 SPSS를 활용해 시각화하고 분석할 수 있는 기반을 갖추었다. 이는 단순한 정보 축적이 아닌, 디자인 전략의 새로운 기준이었다.

더 나아가 FDB는 디자인실, 마케팅, 영업조직이 동일한 언어로 전략을 이야기할 수 있도록 하는 플랫폼 역할도 수행했다.

- 신소재와 유통 상품 간의 갭 분석 어떤 신소재가 실제 유통까지 연결되는가?
- 트렌드 리더 브랜드 추적 및 추종자 분류 어떤 브랜드가 트렌드를 창출하고, 누가 추종자인가?
- 소비자 반응 기반의 스타일 최적화 스타일-소재-가격의 조합 중 가장 반응이 좋은 조합은?

이러한 분석은 상품기획 회의, 컬러 선정, 라인업 구성 등 실제 실무 전략에서 감각을 '증거'로 바꾸는 데 기여했다.

디자인을 데이터로 전략화하다

FDB 시스템이 가진 가장 큰 가치는 단순한 트렌드 예측이 아닌, 디자인이라는 감각의 세계를 정량적·전략적 세계로 확장시켰다는 데 있다.

패션에서 '감'은 여전히 중요하지만, 감의 흐름을 수치화하고 구조화하여 조직 전체의 전략적 판단 기준이 되는 시스템으로 자리 잡은 것은 매우 상징적인 진화였다.

디자인 전략의 객관화: 감각을 전략으로 변환하다

과거 디자이너의 작업은 '통찰'과 '감성'에 의존하던 영역이었다. 그러나 이 감성은 회의실에서 전략으로 전달되기 어려웠고, 의사결정의 설득력으로 이어지기엔 한계가 있었다.

FDB 시스템은 이러한 주관의 언어를 데이터의 언어로 바꾸는 전환점이었다.

계절별, 아이템별, 감성별로 수집된 수천 장의 이미지 데이터를 구조화하고 태깅한 결과물은, 디자인 회의 자료로, 라인 기획 회의의 기준으로, 마케팅 스토리텔링의 근거로 사용되었다.

이제 디자인은 '느낌'이 아니라, 수치와 논리로 토론되는 전략적 대상이 되었고, 이를 통해 디자이너, MD, 마케터, 영업조직 간의 협업 구조가 획기적으로 개선되었다.

기획 – 생산 – 유통 연결: 트렌드 흐름의 과학적 해석

FDB는 단지 '현재 유행'만을 말해주는 도구가 아니다.

$T_1 \to T_2 \to T_3$(소재 발표 → 캣워크 룩 → 리테일 상품)의 시간차를 구조화함으로써, 트렌드가 어떻게 발화되고, 어떻게 유통으로 이어지는지를 가시화한 점에서 큰 전략적 의미를 가진다.

예를 들어, PV 전시회에서 제안된 신소재가 실제 리테일 시장에 8개월 후 어떤 형태로 등장했는지, 캣워크에서 제시된 스타일 중 어떤 것이 리오더율과 매출 기여도에서 성과가 있었는지를 시계열 분석을 통해 추적할 수 있었다.

이 분석은 SKU 구성 최적화, 출시 타이밍 결정, 핵심 아이템 포지셔닝 등의 영역에서 디자인 – 기획 – 생산 간 디커플링(단절)을 줄이고, 전략적 연결고리를 제공하는 역할을 수행했다.

즉, FDB는 '디자인이 팔리는가?'보다 '언제, 어떤 방식으로 팔리는가?'를 설명할 수 있는 도구였고, 이는 제품 기획 정확도를 비약적으로 향상시켰다.

AI 기반 트렌드 예측으로의 도약: 미래를 설계하는 기반 시스템

FDB 시스템은 단순한 데이터 축적에 그치지 않고, AI 기반의 생성형 트렌드 예측 모델로 발전 가능한 구조를 갖추고 있다는 점에서 미래 지향적 가치가 더욱 크다.

이미지에 텍스트를 라벨링하고, 시계열로 추적 가능한 구조를 마련함으로써, AI가 학습 가능한 DB 구조를 완성했다. 이는 단순히 '디자인 빅데이터'의 축적이 아니라,

- 어떤 컬러 조합이 시즌마다 반복되는지,
- 어떤 감성 테마가 시차를 두고 확산되는지를

통계적 모델링이 가능하게 해준다.

궁극적으로, FDB는 '예측 가능한 디자인'이라는 새로운 개념을 실현시킬 수 있는 인프라이며, 이는 패션산업 전반의 디자인 전략을 데이터 기반의 과학으로 진입시키는 첫 시도였다.

감각은
분석될 수 있다

나는 이 시스템을 통해 디자인을 단지 예술적 감성의 산물이 아니라, 전략적 판단의 출발점으로 바꾸고자 했다. 이제 디자인은 브랜드의 정체성뿐 아니라, 매출과 반응률, 회전율이라는 구체적 수치로 연결된다. 즉, FDB는 감성을 수치화한 도구이자, 패션을 과학으로 해석하는 새로운 언어였다.

- 디자인 전략을 객관화하고,
- 기획 – 생산 – 유통의 시간차를 연결하며,
- AI 기반 예측 시스템으로 진화 가능한 트렌드의 '언어'를 구축했다.

나는 이 FDB 시스템이 한국 패션산업의 디자인 전략 인프라를 바꿔놓았다고 믿는다.

그리고 앞으로 이 구조는, 한국뿐 아니라 아시아 전역의 패션 데이터를 축적하고 학습할 수 있는 동양권 트렌드 플랫폼의 핵심 기반이 될 수 있다고 확신한다.

2006년부터 현재까지 10년 이상 축적된 데이터를 보유하고 있다. 나의 다음 도전은 이 FDB 시스템을 인공지능과 연결해 패션의 미래를 예측하는 엔진으로 완성하는 것이다.

정보의 지도화
― 삼성디자인넷(SDN)

"수많은 정보를 흩뿌리는 것이 아니라, 전략의 눈으로
한눈에 꿰는 것―그것이 SDN의 존재 이유였다"

SDN의 탄생과 위기

    삼성디자인넷(SDN)은 단순한 정보 아카이브가 아니었다. 그것은 감각의 산업인 패션을 데이터 기반 전략 산업으로 전환하기 위한 핵심 인프라이자, 내가 주도한 가장 전략적인 프로젝트였다. 나는 이 플랫폼을 '패션경영의 나침반'으로 재탄생시키고자 했다.
 1996년, 삼성물산 패션 부문, 제일모직, 제일합섬 등 삼성 계열의 패션사들을 연결하기 위해 인트라넷 기반의 패션정보 플랫폼으로 SDN이 첫 출범을 했다. 패션 트렌드, 컬러, 실루엣, 컬렉션 이미지 등 방대한 정보를 집약하여 디자이너와 기획자에게 제공하는 시스템이었다. 당시로서는 획기적이었다.

그러나 1997년 IMF 위기 이후, SDN은 점차 한계에 부딪혔다.

- 콘텐츠 최신성 결여 운영 예산과 인력의 축소로 정보 업데이트가 중단되었다.
- 검색 시스템 비직관성 감성 키워드 기반 검색은 MD나 영업사원이 활용하기에 불편했고, 정보 분류체계도 정비되어 있지 않았다.
- 현업 활용도 저조 디자이너조차 월 4~5회 접속하는 데 그쳤고, 업무 시간 중 인터넷 사용 자체를 부정적으로 보는 분위기도 문제였다.

결국 SDN은 폐기 일보 직전이었다.

전략적 제휴:
자산 없는 상황에서 자산을 만든다

  1999년, 나는 패션연구소 정보기획팀 책임자로 SDN 개편을 맡게 되었다. 당시 경영정보학 석사과정을 병행하고 있었고, 학문에서 배운 전략적 제휴 개념을 현실에 적용할 기회라 여겼다.
 예산은 거의 없었지만, 콘텐츠 자산은 풍부했다. 삼성패션연구소는 국내 최고 수준의 오프라인 정보와 35만 건의 이미지 DB를 갖추고 있었다. IT 인프라가 부족했던 우리는 외부 파트너와의 전략적 제휴를 추진했다. 나는 삼테크아이앤씨를 주 파트너로 선정했다. 삼테크는 삼성물산 출신으로, 패션 특화 시스템 구축 경험을 갖춘 IT 기업이었다. 콘텐츠는 우리가, 기술은 삼테크가 맡는 식의 핵심역량 분담형 제휴 구조를 설계했다.

이는 '예산 없이 성공한 혁신'으로 평가받았고, 이후 디지털 전략의 본보기가 되었다.

모두가 "예산 없이는 안 된다", "시스템은 다시 만들 수 없다"고 말하던 시절, 나는 '된다'는 전략으로 그것을 실현했다. SDN의 진짜 가치는 데이터의 양이 아니라 전략적 시각의 변화였다.

"산업이 위기에 처할 때, 중요한 건 자원보다 전략이다. 그리고 전략은 늘 사람의 머리에서 시작된다"

정보의 지도화:
구조 혁신과 실시간 전략화

개편된 SDN의 핵심은 '정보의 지도화'였다.
단순한 자료 모음이 아니라, 데이터를 통해 시장의 지형을 그려내고 전략의 나침반이 되도록 하는 것이 목표였다. '이 시즌에는 어떤 컬러가 유행한다'는 뉴스를 주는 것이 아니라, 각 브랜드가 시장에서 어디에 서 있는지, 어떤 소비자군이 무슨 변화를 일으키는지, 유통의 흐름은 어디로 향하는지를 하나의 지도로 보여주고 싶었다.

나는 세 가지 방향으로 구조 개편을 추진했다.

① 정보의 종합화 및 분석화

단순 데이터 입력에서 벗어나, 축적된 정보를 테마별로 재구성했다. 경쟁사 동향, 히트 아이템, 가격 트렌드, 신규 브랜드 런칭 정보, 소비자 심리 지표까지 현업에서 즉시 활용할 수 있도록 분석화했다.

② 사용자 친화적 인터페이스

검색방식은 키워드, 주제별, 동의어·유사어 검색까지 확대했다. 콘텐츠도 디자이너뿐 아니라 MD, 영업, 지원부서까지 활용할 수 있도록 주제별·사용자별로 UX를 개선했다.

③ 정보의 실시간성 강화

패션 트렌드, 전시회 리포트, 리테일 마켓 정보, 신상품 론칭 데이터를 실시간으로 제공했고, 연구소 내 모든 인력에게 정보 기여를 요청함으로써 운영 속도도 높였다.

이를 통해 SDN은 디자이너뿐 아니라 MD, 마케팅, 전략가 모두가 활용할 수 있는 통합 전략 플랫폼이 되었다.

기술 제휴의 진화와
전략적 전환

가장 혁신적인 전환점은 첨단 검색 기술의 무상 탑재였다.

- 아이하우스 imageXform 제휴(2002)

국내 최초 이미지 검색 기술. 감성 키워드가 아닌 색상, 형태 기반 유사 이미지 검색이 가능했다. 현재의 Pinterest 기능과 유사한 이 기술은 SDN에 무상으로 탑재되었다.

- 코스모정보통신 제휴(2003)

동영상 기반 정보 검색 기술로, 패션 영상 콘텐츠 탐색을 가능하게 했다.

- 에어스파이더 제휴(2004)

웹 기반 VOD 솔루션으로, 전시회 영상 및 인터뷰 콘텐츠를 스트리밍으로 제공할 수 있게 했다.

이 모든 기술은 별도 투자 없이 확보되었으며, 삼성패션연구소의 네트워크와 전략적 기획 능력이 만들어 낸 성과였다. 또한 제휴한 기업들에게도 전략적 기회가 되었다. 아이하우스는 imageXform 기술을 통해 패션 분야에서의 기술력을 입증하며 대외 신뢰도를 높일 수 있었고, 코스모정보통신은 동영상 검색 기술을 실전 프로젝트에 적용하며 기술 고도화를 실현했다. 에어스파이더 또한 스트리밍 솔루션 상용화 테스트를 SDN을 통해 진행하며 성공적인 시장 진입 사례를 확보했다.

이것이 바로 '전략적 제휴'가 서로에게 가치를 만드는 방식이었다. 우리 입장에서는 비용 없이 최첨단 기술을 도입했고, 제휴 기업들은 레퍼런스를 얻고 기술 신뢰도를 확장할 수 있었다.

SDN의 정식 론칭과 전략적 가치

2001년 9월, 개편된 삼성디자인넷은 세상에 공개되었다. 무려 35만 건의 이미지 데이터, 6만 건의 텍스트 자료, 8만 건의 리서치 데이터를 보유하며 '국내 최대 패션정보 플랫폼'이라는 타이틀을 달았다.

SDN은 당시로서는 혁신적인 3단계 아키텍처를 채택했다.

① 패션 데이터뱅크(Fashion Data Bank)
- 35만 건의 이미지, 시즌별 컬렉션, 스트리트 스냅, 소재 및 컬러 데이터, 소비자 리서치 자료가 모두 데이터베이스로 집약

② 검색·분석 엔진
- 국내 최초 컬러 기반 이미지 검색

- 키워드별, 카테고리별, 기간별 필터링 및 자료 탐색
- 간단한 통계 리포트 생성 기능

예를 들어, "2021 FW 시즌 파리 컬렉션에서 가장 많이 쓰인 소재"나 "20대 여성 소비자의 아우터 구매 빈도" 같은 질문에 SDN은 답할 수 있었다.

③ 비즈니스 서비스

- 등급별 회원제(일반 · 전문가 · 기업)
- B2B 전용 서비스
- 교육 콘텐츠, 실시간 메일링, 전문가 인터뷰

이후에는 PDA, 모바일 서비스까지 확장 계획도 수립되었다.

출시 직후, 월간 페이지뷰 532만 건, 방문자 수 14만 9,000명을 기록했고, E-Business와 모바일 서비스 확장을 위한 교두보로 자리 매김했다. 외부 논문 조사에서도 '가장 자주 찾는 패션 포털'로 선정되었다.

"패션이 예술이라면, 경영은 구조다. SDN은 그 둘을 연결하는 다리였다"

이 플랫폼은 단순한 정보 플랫폼이 아니었다. 데이터 기반 의사결정 시스템이자, 기업 전체가 동일한 전략 언어로 움직일 수 있게 해

주는 중심축이었다.

- 디자이너는 감각 대신 트렌드 분석 리포트를 참고했다.
- 마케터는 캠페인을 기획하며 소비자군 이동 흐름을 분석했다.
- 전략가는 리포지셔닝이나 브랜드 확장 시, SDN 데이터를 기반으로 판단했다.

SDN의 글로벌 확장: 중국 정보 플랫폼으로의 진화

2004년부터는 중국 시장을 겨냥한 확장 프로젝트가 시작되었다. 패션기업들의 해외 진출이 본격화되던 시기, 중국은 가장 중요한 시장으로 부상하고 있었고, 국내 브랜드와 디자이너들 사이에서도 중국 소비자 및 유통 정보에 대한 갈증이 컸다.

이를 배경으로 SDN은 '삼성디자인넷차이나(SDN China)'라는 이름으로 별도의 중국 특화 정보 포털을 구축했다. 2005년 1월 1일 공식 오픈한 이 플랫폼은 지난 2000년부터 추진한 중국패션시장 정보조사시스템의 아키텍처를 그대로 유지하되, 리서치 범위를 화북권(심양), 동북권(천진) 화동권(상해), 동남권(광주) 4개 권역별로 세분화했다. 특히 소비자의 체형 특성, 착의 태도, 지역별 브랜드 반응 등을 조사한 심층 보고서가 특징이었다.

이후 해당 플랫폼은 중국 내수용 기획, 한국 브랜드의 현지화 전략 수립, 유통 채널 분석 등에 실질적 인사이트를 제공했으며, 패션 정보의 국경을 넘어선 '전략 정보 허브'로 자리 잡고자 했던 SDN의 실험적 진화를 보여주는 사례였다.

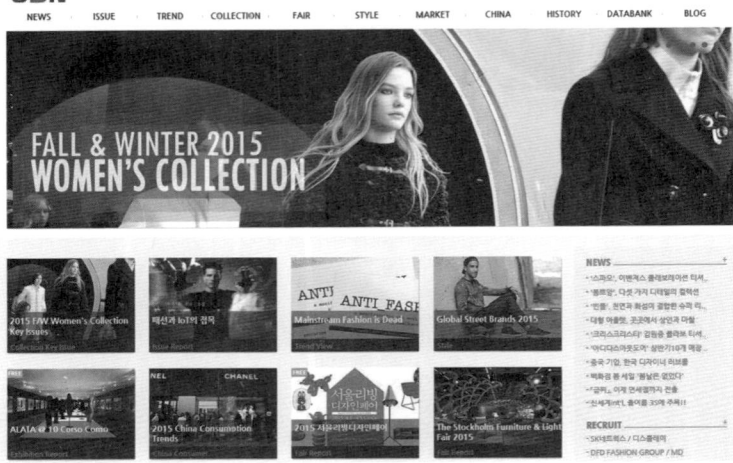

- (위) '정보의 지도' 삼성디자인넷(Samsung Design Net) 2015년 메인화면. 글로벌 트렌드 정보와 산업 데이터, 디자인 인사이트를 제공하는 플랫폼 기획과 운영에 참여했다.
- (아래) 2005년 삼성디자인넷 차이나(Samsung Design Net China) 메인화면. 중국 시장 진출을 위한 디자인 정보 허브를 구축하며, 현지 문화와 소비 트렌드를 반영한 콘텐츠 전략을 설계했다.

대통령 표창과
국제적 인정의 순간

"현장을 이론으로 만들고,
이론을 실천으로 전환한 그 여정의 결실"

디자인에서 전략까지,
나의 여정이 인정받다

2003년, 나는 산업자원부가 주관한 대한민국 디자인·브랜드 대상의 공로 부문에 공식 추천되었고, 그 추천 사유는 내가 걸어온 경영과 디자인의 융합 여정을 잘 보여주고 있었다.

> "한국 패션디자인의 디자인 경영과 브랜드화를 위한 연구 및 저술 활동, 그리고 글로벌화를 위한 정책 방향 제시를 통해 한국 패션디자인 산업의 발전과 관련 정책 수립에 기여하였다"
>
> — 산업자원부 추천서 중에서

특히 삼성디자인넷(SDN)을 통한 지식정보시스템 구축, 패션시장 규모 추정 모델 개발, 트렌드 추종 시스템, 그리고 소비자 군집 분석 기반의 전략 제안은 한국 패션산업이 제조 기반에서 지식 기반 산업으로 전환되는 데 있어 중요한 인프라를 제공했다. 이는 단순히 플랫폼의 구축 차원을 넘어, 산업 구조 전환의 인프라를 설계하고 실행한 공로로 평가되었다.

글로벌 전문가로의 등재:
세계가 나를 불렀다

같은 해, 나의 이름은 세계적 권위의 인명사전 '후즈 후 히스토리컬 소사이어티(Who's Who Historical Society)' 2003~2004년 판의 국제 전문가 부문(International Who's Who of Professionals)에 국내 패션디자인 전문가로는 최초로 등재되었다.

후즈 후 등재는 단순한 상징이 아니었다. 이는 패션디자인을 '전통적 미감'에서 '전략적 시스템'으로 확장한 작업들이 세계적으로도 인정받았다는 명확한 증거였다. 미국 SEC 산하 EDGAR Online을 통해 내 활동이 국제적으로 알려졌고, 추천 또한 미국 기관에서 이뤄졌다.

이때 내 활동이 인정받은 핵심 이유는 다음과 같다.

- 한국 패션디자인의 경영화, 표준화, 글로벌화 주도
- 수요예측, 시장 규모 추정, 소비자 군집화 등 정량모델 개발
- 삼성디자인넷 등 산업지식 기반 플랫폼 기획 및 실행
- 정부의 섬유패션산업 비전 전략 수립에 실무 전문가로 참여

현장에서 실험하고, 국가를 설계하다

나는 제일모직 재직 시절, 디자인만 하는 사람이 아니었다. 산업의 과거와 미래를 연결하는 '경영설계자'로 일했다. 총 600건 이상의 디자인 개발, 180건 이상의 연구 프로젝트 수행, 그리고 400건 이상의 상품화 성과가 있었다. 특히 다음과 같은 국책연구는 산업계뿐 아니라 정부에서도 전략 참고자료로 채택되었다.

- 〈패션디자인 산업 발전전략〉(서울시정개발연구원)
- 〈섬유·패션산업 2010년 비전과 전략〉(산업자원부)
- 〈동대문 패션밸리 진흥연구〉
- 〈중국 패션산업 경쟁력 연구〉
- 〈패션유행 사이클 연구〉
- 〈패션시장 수요예측모델 개발〉

이 연구들은 단지 책상 위에서 끝난 것이 아니라, 실제 산업현장에서 기획안으로, 정책 프레임으로, 브랜드 전략으로 실행되었다. 그래서 나는 이 시기를 '현장이 곧 실험실이던 시절'이라 회고한다.

내가 자랑스러운 이유, 그리고 이 챕터를 책의 마지막에 둔 이유

나는 평생을 디자인했다. 옷을, 시스템을, 조직을, 전략을. 그중에서도 가장 오래 디자인한 것은 '미래'였다.

IMF 이후 산업 패러다임이 급변하던 시절, 나는 패션을 데이터로 해석하고자 했고, 그 첫걸음이 '시장 규모 추정 모델'이었다. 당시 누구도 시도하지 않았던 방법이었지만, 나는 디자이너의 감각이 아니라 정량 모델로 패션을 설명하고 싶었다. 그 하나의 실험이 수많은 예측 시스템과 전략 플랫폼으로 이어졌고, 그것이 지금의 산업 기반이 되었다.

이처럼 나에게 미래를 디자인한다는 것은 곧 질문을 던지고, 새로운 틀을 만드는 일이었다.

산업자원부가 주관한 '대통령 표창'은 국내 패션산업의 전략 기반을 설계하고, 정보화 · 글로벌화 · 지식화를 선도한 공로였다. 겉으로는 상 하나에 불과할지 모른다. 그러나 내게 이 표창은 단지

'성과에 대한 보상'이 아니라, 그간의 여정을 말없이 인정해 준 작은 명명의 순간이었다. 이는 공식적인 수상이라는 외형을 넘어, 내가 걸어온 길에 이름을 붙여준, 말 없는 확인과도 같았다.

후즈 후 글로벌 인명사전에는 '패션산업의 브레인'이라 소개되었고, '패션을 숫자로 말하는 사람'으로 평가받았다.

그러나 나는 알고 있었다. 이 모든 빛나는 수식어보다 더 깊은 내면의 정체성은 '진심을 지식으로, 감각을 구조로 바꾼 사람'이라는 것이었다.

나는 경영학으로, 산업공학으로, 데이터를 통해 패션을 설명하고 싶었다. 그러나 그 출발점은 언제나 현장의 질문이었다.

"왜 우리는 매번 뒷북을 치는가?"
"왜 감각은 있지만, 방향은 모호한가?"
"왜 디자이너는 숫자를 두려워하는가?"

그 질문들에 답하고 싶었다. 그리고 오랜 시간에 걸쳐 나는 그 답을 '이론'이 아니라 '도구'로 만들어 냈다.

시장 규모 추정 모델, 판매 예측, 트렌드 추종 시스템, 디자인넷…

이 모든 작업은 패션이 수치로 해석될 수 있고, 전략으로 재구성될 수 있다는 증명이었다.

그래서 나는 이 원고를 6장의 마지막에 두었다.

이 표창은 단지 외부의 인정이 아니라, 내가 걸어온 여정의 사회적 공명이자 '이제는 나눌 때'라는 새로운 사명의 시작점이기 때문이다.

이 표창 이후, 나는 많은 일을 '공유'하게 되었다. 대학 강단에서 후배들에게 실무와 전략을 연결하는 강의를 했고, 디자인진흥원과 산업부 자문 활동을 통해 '정책의 언어'로 현장의 이야기를 전달했다.

그 시기의 나는 단지 산업 뒤편의 조력자가 아니었다. '산업의 구조를 직조하는 디자이너', '진심을 구조화하는 전략가'였다.

지금도 나는 믿는다.

"전략은 데이터에서 시작되지만, 완성은 늘 사람과 진심에서 비롯된다"

그리고 그 모든 기반에는, 수치로 환원된 나의 패션, 그리고 사람에 대한 사랑이 있었다.

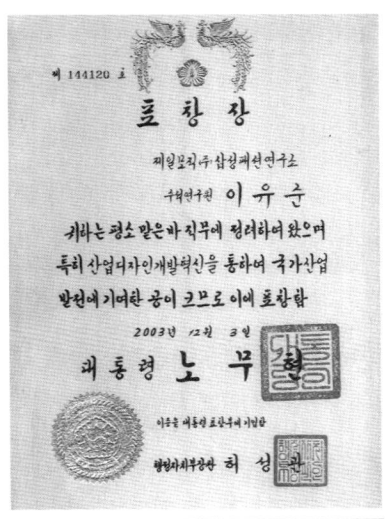

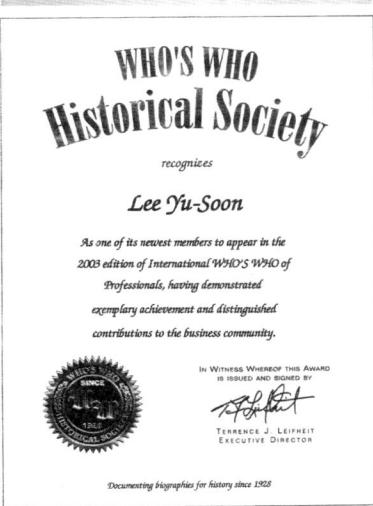

- (상) 2003년, 대한민국 대통령 표창 수상장. 산업디자인과 패션산업 발전에 기여한 공로를 인정받아 수여되었다.
- (하) 2003년, 미국 WHO'S WHO Historical Society 등재 인증서. 국제적으로 전문성과 업적을 인정받아 비즈니스 커뮤니티의 일원으로 기록되었다.

| 7장 |

현장에서
미래를 짓다

패션과 산업,
예술의 교차점에서

"미래는 예측하는 것이 아니라,
 설계하는 것이다"

버크민스터 풀러(Buckminster Fuller, 미국 미래학자 · 디자이너)

생산은 또 다른 기획이다
— 내가 실행한 공장의 언어들

"기억되지 않은 노동은 반복될 수 없다.
나는 기술보다 사람의 언어를 먼저 바꿨다"

전략가,
다시 기계 앞에 서다

나는 오랫동안 소비자를 마주하는 전략가였다. 브랜드의 정체성을 설계하고, 매출의 흐름을 데이터로 예측하며, 시장의 언어를 기획의 언어로 번역해 왔다.

마케팅과 디자인 사이를 유영하며, 나는 늘 '앞단'에 있었다.

그러던 어느 날, 나는 다시 '가족의 뿌리'로 돌아갔다. 1960년 우리 가족이 창업한 벨벳 원단 제조업체. 한때 600명이 넘던 이곳은 이제 130명 규모의 중소 제조사로 축소됐지만, 여전히 세계 최고 수준의 벨벳을 수출하는 기술력을 갖추고 있었다.

그러나 현실은 냉정했다. 시장은 줄고, 수주는 감소했으며, 공장 가동률은 하락했다. 무엇보다 고령화된 인력 구조가 지속 가능성을 위협하고 있었다. 기술보다 사람이, 설비보다 전략이 더 시급한 상황이었다.

정부는 '스마트공장'을 외쳤지만, 이 산업에선 그것이 실현 가능한 해법으로 느껴지지 않았다.

나는 다시 질문을 던졌다.

"기획에서 시장을 읽던 내가, 공장에서 흐름을 읽을 수 있을까?"

기술보다 사람이 먼저다

생산은 단순히 자재가 이동하는 과정이 아니다. 그것은 데이터가 누적되고 의사결정이 반복되는 하나의 유기체다. 그 언어는 '생산성'이 아니라 '구조'였고, '효율'이 아니라 '전략'이었다.

나는 전략가의 시선과 디자이너의 감각으로 현장을 다시 보기 시작했다.

공장의 위기는 단지 생산의 위기가 아니었다. 그것은 '언어의 단절'이었다. 기술은 여전히 존재했지만, 그것을 설명하는 언어는 사라지고 있었다. 작업일지는 여전히 종이에 쓰였고, 숙련자의 감각은 말로 전해졌다. 매뉴얼도 없고, 데이터 매핑도 없었다. "그건 손으로 감이 와야 해"라는 말이 유일한 전수 방식이었다.

나는 생각했다.

'이 모든 감각과 경험을 다음 세대는 어떻게 이어받을 수 있을까?'

그래서 나는 스마트공장이 아니라 '스마트한 사람들의 공장'을 만들고자 했다. 기술은 수단일 뿐, 주체는 사람이었다. 나는 기술보다 먼저 사람의 언어를 바꾸기로 했다. 기존의 작업일지에 디지털 값을 함께 기록하게 했고, UI(사용자 인터페이스)는 작업자들이 평소에 쓰던 용어나 작업 순서를 반영하여, 낯설지 않은 방식으로 설계했다.

디지털화는 기술이 아니라 공감의 작업이었다.

"기억되지 않은 노동은 반복될 수 없다"

생산은 기획이다:
데이터를 읽는 공장

2018년부터 본격적인 실험을 시작했다. 직조부터 염색, 가공, 포장까지—전체 벨벳 생산 공정을 분해하고 재조립하며, 데이터가 흐를 수 있는 구조를 이식했다. 예컨대, 벨벳의 광택을 좌우하는 파일 밀도와 높이는 과거 숙련자의 손끝 감각에 의존했다. 나는 이 감각을 수치화하고, 반복 가능한 기준값으로 변환했다.

이것은 단순한 자동화가 아니었다. '말해지는 기술'을 '기록되는 감각'으로 바꾸는 과정이었다. 최적의 온도, 속도, 압력, 소재별 반응 등 모든 조건을 누구나 쉽게 찾아보고 기록할 수 있는 온라인 매뉴얼 형태로 정리했고, 숙련자의 경험과 감각도 그림이나 수치로 시각화했다.

그리고 현장 중심에 설치한 디지털 대시보드는 데이터를 모두가 함께 읽고 대화하게 만들었다. 작업자들은 처음으로 '속도'를 숫자로 이해하고, '불량률'을 수치로 논의하기 시작했다.

"이 타이밍에 자재를 넣으면 낭비가 줄어듭니다"

"이 조건에서 품질 불량률이 높아집니다"

데이터는 더 이상 관리자만의 도구가 아니었다. 함께 읽고 개선하는 협업의 언어가 되었다.

ERP 시스템도 단순한 자재 관리 툴이 아닌, 브랜드와 고객을 잇는 구조로 전환했다.

특정 소재에서 반복되는 불량이 고객 요구인지, 내부 문제인지 분석할 수 있는 구조를 만들었다. 생산-품질-출하-피드백까지 데이터가 연결된 하나의 흐름이 되었다. 일부 고객사와는 공동 데이터 플랫폼도 시험 중이다.

그렇게 나는 전략가로서 공장을 다시 읽기 시작했다.

하지만 나의 '현장'은 그것만이 아니었다.

벨벳을 손으로 만지고, 한 벌의 옷에 미래를 담고, AI와 함께 컬렉션을 설계하는 일—또 다른 현장이 나를 기다리고 있었다.

바로, Jackie Couture.

- 영도벨벳 직조 공정 현장. 전통적인 직물 제조 기술과 현대식 설비가 결합된 생산 라인에서, 고급 벨벳 소재가 완성되는 과정을 기록한 장면이다.

작은 브랜드, 큰 전략
— 수공예와 AI로 설계한 재키꾸뛰르

"나는 한 벌의 모자에서 시작했지만,
그 안에 미래의 옷까지 담고자 한다"

Jackie Couture는 실험이다

   Jackie Couture는 단지 개인 브랜드가 아니다. 디자이너로서의 감각, 전략가로서의 구조, 아티스트로서의 손길, 미래 기술에 대한 탐구심—이 모든 것이 복합된 나의 또 다른 정체성이다.

 이 브랜드는 '소규모 브랜드가 미래를 설계하는 방식'에 대한 하나의 사례이자, 한국 섬유패션산업이 갈 수 있는 방향의 축소 모델이다.

 나는 이 브랜드를 통해 증명하고 싶다. 장인의 감각은 여전히 유효하며, 기술은 도구일 뿐 브랜드의 본질은 감성과 구조라는 것. 작은 브랜드도 철학을 가질 수 있다는 것을.

Jackie Couture는 수공예와 AI가 함께 만드는 새로운 패션의 길이다. 단순한 브랜드가 아니라, 창조적 실험이자 미래 산업의 미니어처다. 오랫동안 대기업 브랜드 전략을 설계해 온 나는, 지금은 정교한 소형 브랜드를 직접 운영하며 묻는다.

"더 적은 자원으로, 더 큰 철학을 담을 수는 없을까?"

Jackie Couture는 그 물음에 대한 나의 방식이다.

장인의 손에서
다시 시작하다

나는 지난 10여 년간 밀리너리 아티스트로의 길을 걷기 시작했다. 국내 유명 모자디자이너에게서 기술을 배우고, 런던의 패션스쿨에서 관련 교과과정을 이수했으며, 파리 출장길마다 장인의 스튜디오에서 워크숍을 들었다.

패션의 중심이 옷에서 오브제로 확장되는 흐름 속에서, 나는 모자라는 조형적 액세서리에 미래를 보았다.

그 결과물이 바로 '재키꾸뛰르'다.

이 브랜드는 직접 디자인하고 수작업으로 제작한 모자를 중심으로, 스카프, 숄, 머플러 등 부드럽고 조형적인 액세서리를 선보인다.

최근에는 탑, 재킷, 케이프형 원피스 등 벨벳 소재를 활용한 의류 라인까지 확장하고 있다.

이 모든 제품은 가족기업 영도벨벳이 생산한 고급 벨벳 원단으로 제작된다. 소재에서 오는 품격이 디자인의 중심을 이룬다.

나는 재키꾸뛰르를 통해 과거의 꾸뛰르 정신을 미래와 연결하는 아트워크 브랜드를 실현하고 있다.

"과거의 샤넬이 손으로 시작했듯, 나도 다시 손으로 시작한다"

Giorgio Armani에게서 배운 브랜드 철학

1991년, 나는 신한인터내셔날 재직 당시 조르지오 아르마니(Giorgio Armani)를 국내에 최초로 도입했다. 그가 보여준 꾸뛰르의 기획 시스템은 지금도 내게 큰 울림으로 남아 있다.

디자인은 단 하나의 오브제처럼 완성되었고, 바이어들은 원단을 직접 선택해 주문하는 방식이었다. 제품은 소품종이지만, 원단에 따라 매장마다 다른 감성과 전략이 구현됐다.

이 방식은 생산 시스템의 전략화였고, Jackie Couture 역시 동일한 철학으로 운영된다.

"많은 디자인을 찍어내는 것이 아니라, 한 디자인을 깊이 있게 만든다"

나는 한 시즌의 트렌드를 면밀히 분석하고, 브랜드가 담아야 할 감성과 정체성을 결정한 뒤, 그에 맞는 디자인을 한 벌, 한 벌 만든다. 형, 실루엣, 디테일, 맞음새 등 모든 요소는 단순히 '판매'가 아닌 '표현'과 '정체성'의 차원이다.

Jackie Couture의 차별화는 여기에 있다.

소품종, 다원단, 소량 수작업.

디자이너 + 전략가 + AI, 그리고 새로운 디자인 방법론

그러나 수공예만으로는 부족하다. 그래서 나는 AI 기반 컬렉션 기획을 시작했다.

챗GPT와 협업하여 2025 봄여름 컬렉션을 기획하고, 룩 드로잉과 스타일링, 콘셉트 시트를 40벌 구성하고 있다.

이 과정은 단순한 도구 활용이 아니라, AI와 인간 디자이너가 함께 큐레이션하고 예측하는 새로운 창작 구조다. 수공예의 감각과 알고리즘의 흐름 예측이 결합해 Jackie Couture만의 미학과 시스템을 만든다.

"패션은 감각의 작업이지만, 미래는 구조로 완성된다"

마케팅과 판매 전략:
나의 방식으로, 세계의 구조처럼

이제 중요한 질문이 남았다.
"이 아름다운 실험은 어떻게 지속 가능한 사업이 되는가?"

나는 브랜드를 전략적으로 구성하고 있으며, 그 구조는 다음과 같다.

① 마케팅: 이야기로 브랜딩하다

기존 SNS 콘텐츠 중심의 노출이 아닌, 스토리 중심 브랜딩 전략이다. 예로서 지난 2023년 9월에 서울 반포 한강에 소재한 세빛섬에서 '블라썸' 재키꾸뛰르 모자 전시를 했다. 벨벳이라는 소재, 손으로 만든 감성, 중년 여성을 위한 우아한 라이프스타일을 키워드로 콘텐츠를 설계했다.

② 판매채널: 매장보다 고객의 정체성을 디자인하다

고객은 제품의 원단을 선택하고, 나는 그에 맞는 디자인을 완성한다. 과거 Armani 방식의 커스터마이징(맞춤) 수주 시스템을 재구현하는 것이다. 온·오프 통합 플랫폼과 문화공간 팝업스토어에서 시즌별 테마를 전시하고, 고객이 '디자인 + 소재'를 함께 구성한다. 향후 메타버스 기반 아바타 룩북과 가상 착장 연계 가능성도 검토 중이다. 별도의 자사 매장이 없어도 고객을 찾아가서 판매할 수 있는 하이브리드 수공예 시스템이다.

③ 운영 시스템: 적은 인력, 높은 효율

AI 기반 컬렉션 기획을 통해 적은 인력으로 고감도 콘텐츠 제작이 가능하다. 디자이너의 감성 조율도 물론 가능하다. 그리고 우수한 소규모 운영팀은 자동화 관리 시스템(ERP)과 스마트한 재고 시스템, 그리고 AI 기반 CRM을 통해 효율 중심의 사업 운용을 전개하고 있다.

Jackie Couture는 단순한 브랜드가 아니라, 감성과 기술, 예술과 전략이 함께 설계한 실험의 현장이다.

- 재키꾸뛰르(Jackie Couture) 브랜드 아이덴티티(BI). 로고와 아트워크를 통해, 브랜드의 세련된 감성과 독창적 세계관을 시각적으로 표현했다.

Jackie Couture
2025 S/S Collection - 40 Looks

- AI 기반 2025 재키꾸뛰르 컬렉션 기획 중 일부. 인공지능 디자인 툴을 활용해 트렌드 분석, 실루엣 생성, 패턴 제안까지 자동화한 결과물로, 미래형 패션 기획의 가능성을 보여준다.

베이블(Vable) 프로젝트
— 폐섬유에서 다시 태어난 가치

"업사이클링은 쓰레기를 줄이는 기술이 아니라,
세상을 바꾸는 상상력이다"

소각되던 자원, 다시 생각하다

영도벨벳은 매년 약 1.3톤 이상의 벨벳 폐섬유를 배출해 왔다. 아름답고 고급스러운 원단이지만, 일정 기준을 벗어나면 무용지물이 되었고, 대부분은 소각 처리되며 환경 부담을 키웠다. 나는 스스로에게 질문했다.

"이 버려지는 섬유는 정말 쓸모없는 것일까?"

이 질문은 새로운 실험으로 이어졌다. 2021년, 우리는 벨벳 폐섬유를 새로운 감각으로 재탄생시키는 프로젝트를 시작했고, 그것은 곧 'Vable(베이블)'이라는 브랜드로 성장하게 되었다.

Vable은 'Velvet + Able'의 조합으로, '벨벳도 다시 태어날 수 있다'는 철학을 담고 있다.

기술이 아닌
감각으로 만드는 소재

폐섬유를 재생하는 일은 단순한 재활용을 넘어선 창조의 과정이다. 나는 디자이너로서의 직관과 공장에서의 경험을 바탕으로 새로운 방식의 리사이클링을 고안했다.

기존의 섬유 리사이클링은 세척, 정제, 화학처리 등 복잡하고 고비용 플랜트 중심이었다. 그리고 업사이클링은 완제품으로 재창조하는 것이다. 하지만 나는 묻는다. "수만 톤의 옷을 언제 다 세척하고 분해할 것인가?"

나는 폐의류를 갈아내고 자르고 분해한 후, 섬유 알갱이를 플라스틱 수지로 결합해 '섬유 기반 판상재(Textile-based Board Material)'로 만드는 구조를 택했다. 마치 팬케이크를 굽듯, 압축된 섬유층 위아래에 PVC 필름을 부착하여 새로운 재료로 탄생시키는 것이다. 우리는 이를 '텍스처 기반 감성 시트지-베이블'로 명명했다.

이 시트지는 단순히 폐섬유를 붙인 것이 아니라, 색상·소재·질감이 다른 알갱이들을 조합해 시각적 깊이와 감성을 담은 재료로 완성된다. 이는 다양한 디자이너들이 창의적으로 활용할 수 있는 '디자인 가능한 소재'이며, 완제품이 아니라 창작의 플랫폼이다.

공정은 건식 기반으로 진행된다. 폐섬유를 알갱이 형태로 분해 → 수지로 알갱이 펠트화 → PVC 라미네이팅 → 규격화 과정을 거친다. 특히 표면에 프린팅이나 엠보싱을 적용해 제품마다 우연성과 예술성이 결합된 유니크한 질감이 형성된다.

이 감각적 시트는 가방, 가구, 벽지 등은 물론, 전자제품 외피 등 다양한 영역으로 확장 가능하다.

우리는 이 공정을 단순한 수작업 수준에 머무르지 않고, 자동화 기반의 스마트 시스템으로 확장하고자 한다. 특히, 기존 국제특허의 사례―예컨대 홍콩의 노베텍스가 개발한 폐의류 기반 섬유 재활용 시스템[18]―를 참고하여, 원단 기반이 아닌 버려지는 의류 전체를 원료화하는 공정을 기획 중이다. 이와 같은 방식은 단순한 재활용을 넘어, ESG 관점에서 순환경제(Circular Economy)의 실질적 구현을 지향한다.

핵심 공정은 다음과 같다: ① 소독 및 전처리 → ② 장애인·노년층에 의한 단추·지퍼 제거 → ③ AI 기반 색상 분류 및 금속 검출 → ④ 자동 분류 및 이송 → ⑤ 파쇄 → ⑥ 라미네이팅 및 시트화

---

18) 노베텍스 텍스타일스 리미티드(중국 홍콩), 「폐섬유로부터 섬유를 재활용하는 시스템 및 방법(SYSTEM AND METHOD FOR RECYCLING FIBERS FROM TEXTILES WASTE)」, 한국 특허번호 10-2166651-0000, 출원일: 2020. 10. 12.

모든 공정은 컨베이어 기반 생산라인 위에서 연결되며, 최종 산출물은 규격화된 플라스틱 대체 시트로 완성된다.

이 공정은 한국을 시작으로 인도, 네팔, 아프리카 등 섬유산업이 집중된 개발도상국에도 도입하고자 한다. 미국의 NGO와도 협업을 논의 중이며, 이에 따라 한국은 물론, 미국에서 베이블 브랜드의 상표 출원도 진행하고 있다.

나는 이 프로젝트를 단순한 재활용이 아닌, '디자이너가 주도한 순환형 산업 혁신'이라고 정의한다. 현장을 경험한 전략가로서, 기획과 실행을 연결하는 새로운 구조를 만드는 중이다. 꿈은 크다. 하지만 나는 그 꿈을 현실로 만들고 있다.

브랜드로 다시 말하다:
Vable

우리는 이 실험을 단순한 원단 가공이 아니라 브랜드로 정리하고자 했다. 그렇게 탄생한 것이 'Vable'이다.

이 브랜드는 친환경, 정서적 만족, 젊고 모던한 감각, 그리고 스토리가 있는 텍스타일을 핵심 비전으로 삼는다. 특히, '4V 비전 시스템'으로 미래 지향적 확장 구조를 설계했다.

- Way V 지속 가능한 미래로 향하는 물결

- Sol V 폐자원에서 가치를 찾는 기술
- How V 지구를 생각한 친환경 제품 실현
- Pro V 고객을 위한 안전하고 고품질 제품

브랜드 컬러와 심볼은 자연에서 유래한 색조를 활용했고, 이해도 높은 디자인으로 심볼을 설계했다. 브랜드 슬로건은 명확하다.

"더 나은 세상을 위해, 베이블"

- 업사이클링 브랜드 '베이블(Vable)' 아이덴티티(BI). 'able to be valuable'이라는 슬로건을 시각화하여, 가치 창출을 지향하는 브랜드 철학을 담았다.

새로운
순환 생태계를 꿈꾸며

우리는 이 시트지를 단순한 소재가 아닌 업사이클링 플랫폼으로 확장하려 한다. 가방, 쿠션, 벽지, 테이블 상판, 반려동물 제품, 홈 인테리어까지 다양한 제품으로 실험 중이며, 일부는 DIY 제품군으로도 확장 가능하다.

특히 사회적 가치와의 연계도 중요하다. 폐섬유 가공 과정에는 지퍼, 단추 등의 비섬유 부속 제거 작업을 중심으로 장애인, 노년층, 이주민 등 다양한 계층이 참여할 수 있도록 설계 중이다. 이 공정은 단순한 노동이 아니라, 기계화된 공정을 위한 마지막 아날로그 감각의 정리 작업으로 정의된다. 손의 온기와 시간의 리듬이 담긴 노동은, 자동화 라인의 시작점이 된다.

또한, 디자인 창업을 꿈꾸는 청년들을 위한 'Vable Creative Studio'를 영도벨벳 유휴 공간 내에 조성하고자 한다. 이 공간은 창업보육센터, 디자이너 협업 공간, 지속 가능성 교육 프로그램까지 연계되며, 브랜드-공장-사회가 연결된 지속 가능 생태계의 허브가 될 것이다.

나는 디자이너로 출발해 전략가가 되었고, 지금은 다시 창작자이자 실행가로 돌아왔다. 이 여정의 중심에 베이블이 있다.

"베이블은 단지 쓰레기를 줄이는 브랜드가 아니라, 세상을 바꾸는 디자인을 실현하는 브랜드다"

공간을 입히다
— 벨벳의 기억을 문화로 짓다

"공간은 브랜드다. 그리고 그 브랜드는
사람과 시간을 품은 이야기다"

공간의 기억을 복원하다:
기업의 역사성과 미래 가치를 위하여

나는 어린 시절 역사와 미술을 좋아했다.

공부를 잘하던 학생이었지만, 장래 희망이 명확하지 않았던 나는 어느 날 갑자기 미술가가 되고 싶어졌다. 부모님 몰래 미술학원에 등록했지만, 현실은 녹록지 않았다. 결국 유명한 고고학자가 되겠다는 새로운 꿈으로 사학과에 진학했지만, 대학 생활은 내게 지루하고 무의미했다. 그러나 그때 품었던 역사에 대한 집착과 예술에 대한 감각은 패션업계에 들어온 후, 특히 이탈리아에서 디자인과 브랜딩을 체험하면서 내 안에서 다시 살아났다.

패션은 결국 스토리였다.

브랜드는 무엇으로 지금의 경쟁력을 가지게 되었는가, 그 디자인의 뿌리는 무엇인가. 나는 언제나 그 질문을 품고 기업과 브랜드의 근본을 탐구해 왔다. 그리고 우리 가족이 60년간 운영해 온 벨벳 전문 제조기업 '영도벨벳'이야말로 한국 섬유패션업계에서 유례없는 역사와 기술, 장인정신을 가진 기업이라는 확신이 들었다.

나는 우리 기업이 단지 '제조기업'으로 남는 것이 아니라, 장기간 지속된 역사성과 기술력을 후세에 보존하고 공유하는 문화적, 감성적 공간이 되기를 바랐다. 영도벨벳은 단순히 60년을 오래 지속한 기업이 아니라, 한국 섬유패션산업 역사에서 산업 헤리티지를 품은 상징적 존재다. 이러한 기업은 단순한 과거의 성공이 아닌, 미래 세대가 참고하고 계승할 수 있는 철학과 자산을 담고 있어야 한다.

그래서 시작한 것이 '영도다움갤러리(감성문화공간)'와 '비로드1960(산업문화창작공간)'이다.

'영도다움갤러리':
벨벳 헤리티지를 만나는 감성문화공간

대구 삼덕동 골목, 창업주가 50년을 살아온 집. 그곳에 연 면적 400평, 4개 층으로 구성된 공간에 '영도다움갤러리'를 조성했다.

이곳은 영도벨벳이 가진 60년 기술과 감성, 브랜드 철학을 직접 체험할 수 있도록 구성된 감성문화공간이다. 일반인들이 방문해 벨벳의 유산을 피부로 느끼고, 다양한 제품과 전통, 철학을 직접 체험할 수 있도록 기획되었다.

단지 브랜드를 홍보하는 공간이 아니라, B2C 기반으로 '공유하고 참여할 수 있는 공간'으로 설계되었다. 기술특허 및 실용신안 39건, 상표등록 35건에 이르는 무형 자산은 이곳에서 하나의 브랜드 스토리로 재구성되었다. 나는 홈페이지, 회사 소개서, 브랜드 아키텍처까지 새롭게 기획했고, 이를 전시공간에 녹였다.

갤러리에는 벨벳이라는 소재가 지닌 감촉, 색감, 광택이 시각·촉각적으로 체험될 수 있도록 연출하였고, 그 위에 얹은 것은 '영도답다'는 철학이다. '영도답다'는 정직한 기술력, 오랜 시간 쌓인 장인정신, 그리고 시대를 읽는 감각을 뜻한다. 이곳은 제품을 판매하는 공간이 아니라, 벨벳이라는 소재와 브랜드가 전하는 미감과 이야기를 공유하는 공간이다.

영도다움은 단지 과거의 회고가 아니라, 앞으로 100년을 위한 브랜드의 근본적 언어를 구성하는 플랫폼이다. 이곳에서는 아티스트와의 컬래버레이션 전시, 사회인 참여형 패션 프로젝트, 벨벳 패션문화 워크숍 등 다양한 B2C 기반의 프로그램이 이루어지고 있으며, 벨벳을 둘러싼 문화와 감성을 지역사회와 함께 나누는 플랫폼으로 발전하고 있다.

- 문화·예술·패션이 융합되는 복합 공간 '영도다움갤러리' 전경. 지역과 산업을 연결하는 새로운 플랫폼으로 기획·운영되었다.

'비로드1960': 산업의 헤리티지를 문화로 바꾸는 창조 공간

'비로드1960'은 산업의 유산을 재해석해 문화로 전환한 창조적 실험 공간이다.

경북 구미의 영도벨벳 본사는 1990년대, 국내 섬유기업들이 중국으로 생산기지를 옮기던 시기에 'Made in Korea'의 품질을 선택하며 제직부터 가공까지 일괄 생산이 가능한 대규모 벨벳 생산체제를 구축했다. 당시 세계 최대 규모로 완성된 이 벨벳공장은, 이후 산업 환경의 변화 속에서 일부 구역이 비워지자, 우리는 이곳을 다음 세대를 위한 창의적 공간으로 재탄생시킬 계획을 세웠다.

2019년, 우리는 이 공간을 '벨벳산업 복합문화공간'으로 재기획했다. 단순한 산업시설이 아닌, 60년간 이어온 제조의 헤리티지를 창의적 콘텐츠로 재구성하고, 다음 세대를 위한 디자인 인큐베이터로 진화시킨 것이다. 공간은 세 가지 서사 구조로 설계되었다.

첫째, 영도벨벳의 창업부터 현재까지 이어진 60년의 브랜드 역사와 기술 노하우,

둘째, 벨벳이라는 소재가 가진 600년의 문화적 의미,

셋째, 앞으로 40년을 위한 기술혁신과 지속 가능한 전략이 그것이다.

최근에는 청소년과 일반 관람객이 직접 벨벳을 체험할 수 있는

컬처파크형 체험 공간도 조성되었다.

이곳은 단순한 공장 전시장이나 폐산업 공간이 아니다. 이곳은 우리 제조업의 근본 가치를 보존하고, 이를 다음 세대에 공유하는 실험의 장이다. 특히 Vable 프로젝트, Jackie Couture, 펫테리어 벨벳 개발자들이 함께 시제품을 만들고 실험할 수 있는 디자인 인큐베이터이자 산업문화 콘텐츠의 테스트베드로 기능하고 있다.
'비로드1960'은 산업과 디자인, 로컬과 글로벌이 교차하는 미래형 창조 거점이다.

브랜드의 시간을 담는
공간 전략

나는 루이뷔통, 구찌, 에르메네질도 제냐와 같은 유럽 명품 브랜드의 공간 전략에서 많은 영감을 받았다. 이들 브랜드는 수십 년, 때로는 100년 이상의 기업 역사를 지닌 채 장인의 철학과 기술을 철저히 보존하고, 이를 스토리텔링과 공간기획을 통해 전 세계 소비자에게 전달해 왔다.

특히 플래그십 스토어나 브랜드 박물관, 역사관 등을 통해 단순한 제품 판매를 넘어 브랜드의 미학, 장인정신, 그리고 지속 가능한 정체성을 공간에 체화시켰다. 이는 학술적으로도 '브랜드 헤리티지

공간 전략(Brand Heritage Spatial Strategy)'이라 불리며, 고객의 감성적 충성도를 강화하고 브랜드의 무형 가치를 축적하는 방식으로 연구되고 있다.

영도벨벳도 단순한 제품 생산을 넘어, 공간이라는 언어를 통해 브랜드의 정체성과 철학을 전하고자 한다고 믿었다. 설령 우리 가족이 100년을 이어가지 못하더라도, 우리의 기술과 철학이 담긴 이 공간들이 제3의 주체에 의해 계승되고, 존속되기를 바랐다.

'비로드1960'은 이제 산업관광, 디자인 창업, 벨벳 문화 콘텐츠의 실험지이자 기록지이며, '영도다움갤러리'는 브랜드의 정체성을 서사적으로 축적하는 장소다. 이 두 공간은 단지 장소를 넘어, 영도벨벳이라는 기업의 정신과 미래 전략을 물리적 형태로 번역한 플랫폼이자, 브랜드의 시간을 서사로 풀어내는 무형 자산이다.

나는 믿는다. 공간은 사라지지 않는다. 이야기를 담고, 감각을 전하고, 전략을 기억하는 공간—

그것은 결국 브랜드 그 자체다.

"산업은 기술이 아니라 기억과 감각의 총합이다. 문화는 그것을 다음 세대에 전하는 방식이다"

— 리처드 세넷(Richard Sennett), The Craftsman

- 산업유산을 창의적으로 재해석한 벨벳산업 복합문화공간 '비로드1960' 전경. 60년 장인 기술이 담긴 영도의 벨벳산업 역사와 현대 패션 콘텐츠를 결합해, 지역의 기억과 미래를 잇는 공간으로 구성했다.

| 8장 |

패션, 산업, 삶을 연결하는 전략

한 사람의 경험에서 시대의 해석으로

"모든 것은 연결되어 있다"

레오나르도 다 빈치(Leonardo da Vinci, 이탈리아 화가)

■
여성으로서 전략을 살아내다
— 나는 이렇게 말하고 실행했다

"나는 여성이었고, 전략가였고,
살아낸 방식이 곧 전략이었다"

내가 왜 '여성 전략가'라는 이름을
꺼내게 되었는가

'전략가'라는 직함을 처음 달았을 때, 사람들은 나의 커리어보다 정체성에 먼저 반응했다.

나는 여성이었다.

그리고 그 사실은 회의실에서 '역할'이 아니라 '이미지'로 나를 설명하는 도구가 되었다.

어느 날, 한 회의에서 상대 회사 임원이 나를 보고 말했다.
"아, 마케팅 부서 팀장이시군요?"

나는 미소 지으며 또렷이 답했다.
"브랜드 전략 총괄입니다. 디자인 기획과 생산 전략까지 맡고 있죠"
잠시 흐르던 침묵. 그리고 회의실 공기는 분명 달라졌다.

내가 일터에서 처음 마주한 건 업무가 아니라 구조였고, 직무보다 언어였다. 여성이라는 이유로 나는 포지션보다는 태도를, 전문성보다는 배려를 요구받았다.
하지만 곧 깨달았다. 이것은 내가 선택할 수 있는 전략의 일부였다.
나는 관찰했고, 기다렸고, 변화를 심었다. 이름 대신 역할로 부르고, 지시 대신 대화를 설계하며, 감정의 흐름을 먼저 읽는 리더십을 실험했다.
느리지만 오래가는 방식이었다.

" '여성'이라는 정체성은 나를 약하게 만들지 않았다.
오히려 전략의 언어를 더 유연하고 풍부하게 만들었다"

나는 단단함보다 유연함을, 명령보다 설득을, 선명함보다 맥락을 선택했다.
그리고 그것이 조직을 유기적으로 연결하는 힘이 되었다.

차별을 넘어 전략으로:
내가 바꾼 위계와 언어

나는 한 번도 "차별을 극복했다"고 말하지 않았다.
대신 이렇게 말하고 싶다.

"나는 그 구조를 분석하고, 다시 설계하고, 조금씩 바꿨다"

내가 처음 팀장이 되었을 때, 회의실에는 나보다 나이 많고 연차 높은 남성 동료들이 앉아 있었다. 그들은 나를 '리더'가 아닌 '여성 실장'이라는 프레임으로 바라봤다.

어느 날, 한 디자이너가 회의 중 말했.
"이건 여자 감성이 너무 강한 디자인입니다"
그 순간, 나는 감정이 아니라 구조로 대응했다.
"이 디자인은 타깃 고객의 정서와 맞닿아 있어요. 반응 데이터로 확인해 보시죠"
회의실 공기가 달라졌고, 대화는 전략 언어로 전환되었다.

나는 새로운 방식의 리더십을 실험했다.
직설적인 지시보다 의견을 정리해 회람하게 했고, 회의 대신 서면으로 토론했다. 그렇게 감정의 충돌 대신 관점의 공존을 설계했다. 며칠 뒤, 조율된 합의가 자연스럽게 도출되었다.

나는 싸우지 않았다. 대신 언어를 바꾸었다.

- "그건 여자 디자인 같아" → "그건 타깃 고객과 거리감 있어요"
- "여자 팀장은 너무 감성적으로 기획해" → "그건 시장 예측이 부족했어요"
- "디자이너는 기획을 잘 몰라" → "우리는 기획 가능한 디자이너를 키워야죠"

조직의 말투를 바꾸는 것, 그것이 내가 이룬 가장 중요한 변화였다. 말의 온도를 낮추되, 맥락을 풍부하게 만들고, 평가가 아닌 전략으로 전환했다.

'여성'이라는 특성은 감정과 설득의 언어를 남겼고, 나는 그것을 리더십의 언어로 바꾸어 조직에 심었다.

"그 회의실에서 나의 말은 작았지만, 전략의 언어는 길게 남았다"

엄마, 선배, 동료로서의 말하기

나는 집에서도 리더였다.
아이의 말을 끝까지 들어주고, 침묵으로 감정을 가늠하고, 꼭 필요한 말을 타이밍에 맞춰 전했다. 그 태도는 회의실의 리더십과 닮아 있었다.

배려는 팀원에 대한 존중으로 이어졌고, 말보다 맥락을 읽는 습관은 조직 운영에 깊이를 더했다.

한 후배가 있었다. 그는 회의 시간에 늘 조용했고, 자신의 의견을 말하지 않았다.
어느 날 야근 후, 그를 불러 조용히 말했다.
"이번 프로젝트, 당신 의견이 중요해요"
그날 그는 처음으로 자신이 만든 PPT를 열어 보였다. 나는 그의 제안을 반영했고, 결과는 기대 이상이었다.
그는 이후 내가 가장 신뢰하는 전략기획자로 성장했다.

나는 말로 리더십을 증명하지 않았다.
듣는 태도, 기회를 주는 방식, 그리고 함께 걸어가는 리더십.
엄마로서, 선배로서, 동료로서 내가 택한 말하기는 조용했고 단단했으며, 오랫동안 기억되었다.

"말보다 맥락이, 의도보다 신뢰가 남는 리더십.
그것이 내가 실행한 또 하나의 전략이었다"

다음 세대를 위하여
— 질문하고, 견디고, 연결하라

"질문이 당신의
나침반이 되어줄 것이다"

질문이 멈추는 순간,
전략도 멈춘다

내가 후배들에게 가장 먼저 건네는 말은 "질문을 멈추지 마라"는 것이다. 경영이든 디자인이든, 질문 없는 전략은 반복이 되고, 반복은 쇠퇴를 부른다.
한 회의에서였다. 젊은 디자이너에게 나는 물었다.
"왜 이 옷이 지금, 이 시장에 필요한가?"
그는 잠시 말을 멈추더니, 조심스럽게 대답했다.
"그냥… 유행이니까요"
나는 조용히 말했다.

"그럼 이건 더 이상 디자인이 아니라, 복제죠"
전략가에게 질문은 연료다.
'무엇을 만들 것인가'보다 '왜 만드는가?'를 먼저 묻는 힘이 있어야 시장이 새롭게 보이고, 브랜드가 달라지며, 방향이 정해진다. 질문은 불안을 만든다. 그리고 그 불안은 변화의 문을 연다.
나는 후배들에게 정답보다 질문하는 태도를 유산으로 남기고 싶다.

"빠른 시대일수록, 오래가는 질문이 필요하다"

패션은 사람을 위한 문장이다

나는 늘 패션을 '사람을 위한 언어'라고 생각해 왔다.
옷은 단순한 외형이 아니라, 감정과 정체성을 담아내는 문장이다. 어떤 옷을 입었는지, 어떤 재료와 실루엣을 선택했는지는 모두 '나는 누구인가?'를 말하는 방식이다.
그래서 후배들에게 자주 말한다.
"당신이 디자인한 옷은 누군가의 하루가 된다"
이 말은 단순한 이상이 아니다.

브랜드 론칭 프로젝트에서 소비자 인터뷰를 들을 때면, 디자인 전략이 '감정'에서 시작되어야 한다는 것을 실감한다.
한 여성은 말했다.
"이 옷을 입었을 때, 내가 어깨를 펴고 걷고 있더라고요"
그 순간 깨달았다.
우리가 만드는 건 단지 옷이 아니라, 자존감이었다.

"디자인은 스타일링이 아니라 해석이다"

본질은 느리게 도착한다

젊은 날의 나는 누구보다 빨랐다. 먼저 말하고, 먼저 움직였다. 하지만 시간이 흐를수록 확신하게 되었다.

"먼저가 아니라, 멀리 보라"

변화는 눈앞에서 일어나지만, 본질은 늘 느리게 도착한다.
오래가는 브랜드는 언제나 속도가 아니라 방향을 선택했다.
트렌드를 분석해 왔던 내 경험에서도 결국 살아남은 것은 철학이 있는 브랜드였다.
나는 후배들에게 말한다.
"당장의 인기를 좇지 말고, 중심을 세워라. 중심이 있어야 흔들려도 돌아올 수 있다"

내가 40년을 걸어오며 지켜온 건 기획력도, 언변도 아니었다.
'무엇을 위하여' 일하는가에 대한 중심.
그 중심이 흔들릴 때마다, 나는 스스로에게 질문했다.
"나는 왜 이 일을 하는가?"

"변화는 빠르게 오지만, 본질은 느리게 도착한다"

연결된 손길이
다음 시대를 만든다

나는 교육자로서도 10년을 살았다.
수업을 마친 후, 학생들은 종종 물었다.
"이 업계, 정말 미래가 있을까요?"
나는 단호하게 대답하지 않았다. 대신 이렇게 말했다.
"이 길은 쉽지 않지만, 당신이 만든다면 존재하게 될 거예요"
그 말은 나의 경험에서 비롯되었다.

한 제자는 수업 후 내게 메일을 보냈다.
"교수님 수업은 책보다 조직을 읽는 법을 가르쳐 줬어요"
그 문장은 지금도 내 책상 앞에 적혀 있다.

나는 지식을 전달하는 사람이 아니라, 전략을 해석하고 삶에 연결해 주는 사람이 되고 싶었다.

다음 세대는 기술을 잘 다룬다. 하지만 기술보다 더 중요한 건 사람을 이해하는 능력이다. 감정의 변화를 읽고, 맥락을 해석하고, 사람을 잇는 언어를 말하는 리더.

나는 그런 사람을 기다리고 있다.

연결은 단지 협업이 아니다.
그 자체로 전략의 또 다른 언어다.

"전략은 혼자 설계하지만, 함께 실행되어야 진짜가 된다"

나의 전략, 나의 언어
— 생각을 바꾸는 말들

"조직을 바꾸는 건 구조가 아니라 말이다.
말이 바뀌면, 방향도 바뀐다"

전략은 말에서 시작된다

전략가는 말로 조직을 움직인다.

나는 늘 그렇게 믿어왔다. 하나의 문장, 하나의 표현이 분위기를 바꾸고, 사람의 방향을 바꾸며, 결과를 바꾼다.

그래서 회의 중 나는 종종 질문했다.

"그 말을 다른 식으로 표현하면 어떨까요?"

예를 들어 누군가 "그건 여자 디자인 같다"고 말했을 때, 나는 정면으로 맞서기보다 이렇게 되물었다.

"그 말속에 담긴 진짜 의미는 무엇인가요? 혹시 그것이 고객과의 거리감일 수도 있지 않을까요?"

그렇게 언어의 좌표를 바꾸는 순간, 대화는 방향을 틀고 전략은 새롭게 시작되었다.

나는 그동안 다음과 같은 언어들을 바꾸며 전략을 만들었다.

- "이건 트렌드니까"→"우리는 왜 이 방향을 선택해야 하는가?"
- "이건 원래 그런 거야"→"지금도 그래야 하는 이유는 무엇인가?"
- '여자다움'→'감성적 직관'
- "기획은 숫자로 설명돼야 해"→"기획은 흐름과 구조를 보여 주는 언어야"

"생각을 바꾸고 싶다면, 말부터 바꿔야 한다"

나는 조직 안에
문장을 심었다

내가 조직에서 했던 가장 큰 일은 보고서를 쓰거나 전략을 발표한 것이 아니다.

'말투'를 바꾸는 일이었다.

나는 단순하지만 구조가 있는 문장을 만들고, 그것을 반복하며 팀의 언어를 새롭게 세팅했다.

내가 자주 사용하던 문장은 다음과 같았다:
- "우리는 지금, 어디쯤 와 있는가?"
- "그건 옳은 결정이었는가, 유리한 결정이었는가?"
- "이건 누구를 위한 전략인가?"
- "빠르게가 아니라, 정확하게"

사람들은 나를 '조용한 리더'라고 불렀다.
나는 많이 말하지 않았지만, 말할 때마다 구조가 있었다.
내 말에는 의도가 있었고, 리듬이 있었고, 방향이 있었다.
말은 계획이었다. 말은 전략의 뼈대였다.
그래서 나는 늘 문장을 만들었고, 그 문장이 조직의 언어가 되기를 바랐다.

"전략은 말로 설계되고, 문장으로 실행된다"

언어는 감각에서 오고,
전략은 그 감각을 훈련하는 일이다

나는 삶을 전략처럼 살아왔고, 전략을 삶처럼 설계해왔다. 그 어떤 경영계획서보다, 내 손끝에서 다듬어진 옷 한 벌이 더 많은 말을 한다는 걸 알고 있었다.

경영자였던 나는 언제나 숫자에 둘러싸여 있었지만, 결국 기억에 남는 건 한 사람의 고객, 한 장의 피드백, 한 직원의 눈빛이었다.

그래서 나는 전략이라는 단어를 이렇게 다시 써보고 싶다:

- 전략은 방향이다. 바람의 속도는 바뀌어도, 나침반은 중심을 포기하지 않는다.
- 전략은 언어다. 조직을 움직이는 것은 지시가 아니라 설득이다.
- 전략은 리듬이다. 수치보다 중요한 것은 타이밍, 그리고 조율의 감각이다.
- 전략은 관계다. 기획은 혼자 할 수 있지만, 혁신은 사람 사이에서 시작된다.

그리고 무엇보다, 전략은 나였다.

나는 40년의 일을 돌아보며, 전략을 만든 것이 아니라 전략처럼 살았음을 깨닫는다.

디자인을 고르고, 공정을 설계하고, 사람을 기다리고, 실패를 껴안았던 그 모든 과정은 한 문장으로 이어진다.

"패션은 곧 전략이다"

이 책은 그 문장을 증명하기 위한 나의 기록이다.

좋은 전략가는 감각이 예민하다. 하지만 그 감각은 타고나는 것이 아니라, 훈련의 결과다.

나는 늘 현장에서 감정을 읽고, 수치 사이의 틈을 느끼고, 사람의 어조를 분석했다.

패션 디자이너였던 나는 소재의 질감, 고객의 말투, 트렌드의 흐름을 감지했고, 그 모든 것을 전략 언어로 바꾸었다.

"고객이 원하는 건 따뜻함이 아니라, 위로입니다"
"이 실루엣은 유행이 아니라, 회복을 말하고 있어요"

이 언어들은 숫자로 보이지 않지만, 전략으로 작동했다.

나는 지금도 전략을 세우기 전에, 먼저 한 문장을 쓴다.
그 문장은 방향을 제시하고, 내가 놓치지 말아야 할 중심을 상기시킨다.
말은 나의 전략이고, 전략은 결국 내 언어의 총합이다.

"좋은 전략가는 감각이 예민하다.
하지만 그 감각은 타고난 것이 아니라, 훈련이다"

마지막 페이지를 넘기며
— 나의 40년, 그리고 그 이후

"패션은 곧 전략이다.
그리고 전략은 곧, 나의 다음 삶이다"

전략가의 시선으로
살아낸 시간

나는 경영자였고, 디자이너였고, 연구자이자 교육자였다.
그리고 지금, 이 마지막 장을 쓰는 시점에서야 분명히 말할 수 있다.
내가 걸어온 모든 여정은 결국 '전략'이라는 하나의 언어로 이어진 길이었다.

이 책은 내가 전략을 '만들어 낸' 이야기가 아니다.

나는 전략을 현장에서 배웠고, 감각을 실패로 훈련했으며, 언어를 삶의 구조로 바꾸어 왔다.

패션을 수치로 읽고, 공정을 언어로 설계하며, 감정을 조직의 리듬으로 녹여낸 40년.

그것은 곧, 일의 이야기이자 삶의 이야기였다.

"나는 전략을 만들지 않았다. 나는 전략처럼 살아왔다"

그리고 가끔은 그 전략의 현장을, 한 걸음 떨어져 바라본다.

2025년 어느 날, 오랜만에 다시 찾은 동대문디자인플라자(DDP).

이곳은 과거 내가 '패션디자인 콤플렉스' 기획과 정책 협의에 참여했던 공간이었다. '동대문 포럼'을 주도하고, 서울시정개발연구원과 수차례 정책 간담회를 열었고, 야구장 이전, 공원화, 패션박물관 건립까지 함께 논의했던 시간이었다.

그때 나는 도시와 산업이 함께 숨 쉬는 전략기지를 꿈꿨다. 그러나 서울시는 '서울디자인 콤플렉스'를 '패션디자인 콤플렉스'와 통합 추진하며, 도시 전략의 무게추를 디자인 산업으로 옮겼다. 그 순간부터 패션인의 자리는 점점 뒤로 밀려났고, 디자인계 인사들이 도시 정책의 전면에 서게 되었다.

세상은 '공간'과 '스토리'로 도시를 다시 쓰고 있었지만, 우리는 여전히 '제조'와 '역사'만을 이야기하고 있었다. 나는 그 간극을 너무 늦게 깨달았다. 도시를 산업시설로만 보았고, 정책과 문화, 권력이라는 더 큰 그림을 읽지 못했다. 그래서 우리는 설계자가 아닌 관람자가 되어버렸다.

전략 없이 감각만을 앞세웠을 때, 패션은 도시 전략에서 빠질 수

밖에 없었다.

그날, 나는 DDP의 긴 복도를 걸으며 스스로 다짐했다.

"다시, 패션이 공간을 설계해야 한다"

한국 패션산업이
살아남기 위한 조건

외신들은 DDP를 '서울에서 꼭 가봐야 할 명소 10선'에 올렸지만, 그것은 건축과 공간의 이야기였다. 정작 내부 콘텐츠는 텅 빈 듯한 인상을 주었고, 동대문을 상징하던 패션의 열기와 산업의 목소리는 사라져 있었다.

디자인계는 이 공간을 살리지 못했고, 패션계는 그 자리를 되찾지 못했다. 나는 그날 DDP의 빈 전시장을 걸으며 스스로에게 물었다.

"이 공간을 패션이 다시 채울 수 있을까?
그리고 패션인의 미래는 어디에 있는가?"

답은 아직 없다. 그러나 이 질문이야말로
한국 패션산업이 살아남기 위한 다음 전략의 출발점이어야 한다.
나는 이제 조심스럽게 말한다.

"한국 패션산업은 지금, 전략이 절실하다"

우리는 한때 '패스트 팔로워'였다. 시장과 기술을 빠르게 따라잡았고, 브랜드도 늘어났다. 하지만 지금은 속도는 멈추고, 방향은 흐려졌다. K-패션에는 브랜드는 있지만, 전략은 없다.
패션산업이 다시 도약하려면 세 가지가 통합되어야 한다.
브랜드 전략 · 제조 혁신 · 시장 예측
이 셋이 따로 움직이는 시대는 끝났다.

- 디자이너는 기획을 이해해야 하고,
- 공장은 데이터를 읽을 수 있어야 하며,
- 경영자는 고객 감성을 해석해야 한다.

그렇지 않으면, 우리는 공간을 가졌지만, 콘텐츠는 놓치게 될 것이다.
이제 그 공간을 다시 '패션'이라는 언어로 채우는 것이 과거의 회복이 아니라, 새로운 제안의 시작이다.
그리고 지금 내가 실행 중인 모든 프로젝트— 스마트 제조, AI 기반 브랜드 기획, 문화공간 조성까지—
이 모든 것은 결국 하나의 메시지로 수렴된다.

"전략은 공간을 설계하고, 콘텐츠를 만들며, 산업을 감각으로 번역하는 일이다"

다음 세대에게
남기고 싶은 말

패션은 단지 옷이 아니다. 그것은 사람을 위한 문장이고, 공동체를 향한 제안이며, 시대를 읽는 언어다.

나는 후배들에게 말하고 싶다.
- 전략은 거창한 것이 아니다.

당신의 말투, 일하는 방식, 듣는 태도 속에 전략이 있다.
- 감정을 무시하지 마라.

감정은 데이터를 읽는 또 하나의 센서다.
- 빠른 것보다 먼 것을 보라.

중심이 있어야 방향이 있다. 질문이 있어야 중심이 유지된다.

그리고 꼭 기억하길 바란다.
패션은 사회적 언어다.
당신의 디자인은 세상에 보내는 메시지이고, 책임이다.
- 환경을 고려한 원단,
- 다양성을 담은 기획,
- 누구도 배제하지 않는 실루엣,

이 모든 것이 당신이라는 브랜드의 철학이자 태도다.

언젠가 당신도 묻게 될 것이다.

"왜 우리는 이 공간을 잃었는가?"

"왜 이 산업이 전략에서 제외되었는가?"

그 질문 속에 다음 시대의 전략이 있다.

그리고 나는 믿는다. 당신이 그 질문에 답을 써 내려갈 것임을.

"나침반이 흔들려도, 당신의 방향은 잃지 마세요"

당신만의 전략은, 당신의 삶에서 시작된다.

마지막 문장,
그리고 다시 시작되는 문장

이제 이 책의 마지막 페이지를 넘긴다.

하지만 진짜 이야기는 여기서 시작될지도 모른다.

내 지난 40년은

과거의 회고가 아니라, 미래를 향한 선언이고, 다음 세대를 위한 초대장이었다.

많은 질문을 품고 살아왔다.

- "왜 이 길을 선택했는가?"

- "무엇을 남기고 싶은가?"

그 질문에 대한 내 대답은 하나의 문장이다.

"패션은 곧 전략이다"

이 말은 나의 철학 아니라,

내가 삶으로 실천한 방식이다.

나는 감각을 구조로, 디자인을 언어로, 실패를 전략으로 번역해 왔다.

그리고 그 모든 문장을 이렇게 정리하고 싶다.

"진심은 반드시 구조화되어야 한다"

이 책은 진심과 구조, 감각과 전략이

어떻게 하나의 여정으로 이어지는지를 기록한 것이다.

그리고 나는 여전히 질문하고, 여전히 실험하며

다음 문장을 준비하고 있다.

그 문장은 아직 쓰이지 않았지만,

그 방향만큼은 분명하다.

"패션은 곧 전략이다.

그리고 전략은 곧, 나의 다음 삶이다"

마지막 문장은, 새로운 시작의 서문이다.

Special Chapter

그 '숨겨진 다섯 번째 여정'
— 교수와 연구자의 시간

"나는 책상에 앉아 연구한 전략가가 아니라,
현장을 이론으로 만든 실천가였다"

실천에서 이론으로,
다시 현장으로 이어진 순환의 여정

나는 오랫동안 기업 현장에서 실무자로, 전략가로, 시스템 설계자로 살아왔다.
시간이 흐르며, 나의 경험을 정리해 달라는 요청이 하나둘 들어오기 시작했다.
강연, 자문, 그리고 강의.
처음엔 경험을 풀어내는 자리였지만, 어느새 '교수'라는 새로운 이름이 붙었다.

그 옷은 조금 낯설었다. 나는 전통적인 학계 경로를 밟은 연구자가 아니라, 실무의 감각을 가진 현장형 전략가였기 때문이다.

그러나 그 낯섦은 오히려 나를 더 실질적인 교육자와 연구자로 만들었다. 현장에서 얻은 언어, 조직에서 체득한 리더십, 브랜드 론칭과 M&A, 정보시스템 설계와 공정 자동화까지…

이 모든 것이 강의실의 사례가 되었고, 논문과 보고서의 실험군이 되었다.

"경영학적 통찰은 현장에서 얻었고, 그 이론은 다시 현장을 설계하는 데 쓰였다"

교육은 아이디어가 아닌 구조를 전하는 것

나는 숙명여자대학교, 계명대학교, 연세대학교 대학원 등에서 패션경영, 글로벌 브랜드 전략, 트렌드 예측, 디자인 경영을 강의했다. 수업은 디자인 감성과 경영 이론, 데이터 분석을 통합한 구조로 구성되었고, 강의노트에는 실무에서 다룬 해외 브랜드 전략, 트렌드 예측법, 산업 구조 분석 등이 녹아 있었다.

학생들은 처음에는 낯설어했지만 곧 알게 되었다. 내 수업은 '현장을 이론처럼, 이론을 현장처럼' 다루는 수업이었다는 것을.

나는 '패션은 아이디어보다 구조다'라는 신념으로 커리큘럼을 운영했고, 프로젝트 기반 수업을 통해 단순한 지식이 아니라 전략적 사고법을 전달하고자 했다.

어느 날 한 제자가 말했다.

"교수님 수업은 책보다 조직을 읽는 법을 가르쳐 줘요"

그 말은 내가 평생을 걸어온 전략과 디자인의 연결 지점을 정확히 짚어준 문장이었다.

"패션은 아이디어가 아니라 구조다.
수업은 지식을 전하는 것이 아니라 사고를 설계하는 것이다"

산업과 교육을 연결하는
전략 번역자

강단에서의 나는 지식 전달자이면서 동시에 미래 리더를 위한 코치였다. 나는 학생들에게 '정답'보다는 '스스로 질문하는 힘'을 키워주고 싶었다.
- "왜 이 디자인은 실패했는가?"
- "이 브랜드는 어떤 조직 구조를 가지고 있었는가?"

- "당신이 이 회사를 맡는다면, 어디부터 바꾸겠는가?"

이런 질문을 통해 산업을 해석하고 전략을 사고하는 방식을 가르쳤다.

한편, 나는 교수로서 논문을 썼고, 산업 정책 자문과 공공 연구에도 참여했다.
- 정부의 K-패션산업 육성 전략
- 디지털 디자인 인재 양성 모델
- 디자인 정보시스템 구조 연구 등

이 연구들은 학문적 공헌보다는 실천 가능한 전략 설계에 초점을 두었다.

나는 이론을 쓰기 위해 연구한 것이 아니라, 현장의 문제를 해결하기 위해 이론을 도구로 삼은 사람이었다. 그래서 나는 학자라기보다는, 산업과 교육을 이어주는 '전략 번역자'이고자 했다.

"나는 학문을 쓰지 않았다.
나는 문제를 설계했고, 전략을 번역했다"

지금도 교육자로 살아간다는 것

지금은 공식적으로 교수의 역할에서 물러났지만, 나는 여전히 교육자다. 후배에게, 조직에게, 산업에게 질문을 던지고, 경험을 나누며, 다음 세대를 돕는 일을 멈추지 않는다.

교육은 강의실 안에서만 일어나는 것이 아니다.

삶의 모든 현장에는 가르침이 있고, 스승의 자리는 존재한다.

나는 늘 '책상 위의 교수'가 아니라, 현장에서 발을 떼지 않는 전략가형 교육자이고 싶었다.

신제품 개발 회의에서, 브랜드 전략 자문에서, 혹은 청년 창업가와의 대화 속에서도 나는 여전히 질문하고, 해석하고, 전달한다.

교육은 전시가 아니라 전달이고, 연구는 분리된 사고가 아니라 통합된 실천이어야 한다.

지식은 지식으로 끝나서는 안 된다. 그것은 행동을 만들고, 변화를 일으켜야 한다. 그렇기에 삶 전체가 교과서가 되어야 한다.

"교수님은 교과서보다 현장이 깊어요"

한 제자의 이 말은 지금까지도 내 경영 철학의 뿌리가 되어주고 있다. 그리고 그것은, 나의 정체성을 가장 잘 설명해 주는 한 문장이기도 하다.

나는 책상 위의 지식인이 아니라,
현장에서 살아 숨 쉬는 전략가이자 교육자였다.
그리고 앞으로도 그렇게 살고자 한다.

Epilogue

그리고
당신의
시작

이 책을 덮는 지금, 나는 다시 처음으로 돌아간다.
복장학원 간판 앞에 멈춰 섰던 스무 살의 나.
낯설지만 설레었던 밀라노의 거리, 디자인과 생산, 시장과 소비자의 흐름을 온몸으로 겪으며 밤을 새우던 그 시간들…
제일모직, 영도벨벳, 재키꾸뛰르, 베이블 프로젝트까지—
내 삶은 늘 패션과 함께였고, 경영은 언제나 사람에 대한 이야기였다.
이 책은 한 사람의 개인사처럼 보일 수도 있다. 그러나 그 너머에는 시대와 산업을 함께 건너온 수많은 동료들의 발자취가 담겨 있다.
나는 패션을 통해 사람을 읽었고, 전략을 통해 삶을 설계했다.
디자이너와 공장장, 시장과 데이터, 브랜드와 소비자 사이를 오가며 나는 끊임없이 연결하고 조율하며 살아왔다.

그 모든 과정이 바로 내 문장이었다.

"사람은 시스템보다 크고, 전략은 숫자보다 깊다.
그리고 패션은 삶보다 결코 가볍지 않다"

이 한 문장은 내가 살아온 모든 순간의 압축이며, 나의 신념이다.
나는 그렇게 옷을 만들었고, 회사를 운영했고, 팀을 이끌었고, 후배들과 지식을 나누었다.
나의 기록은 한 시대의 메모이며, 동시에 다음 시대를 위한 초대장이기도 하다.

이제 나는 조용히 책을 덮는다.
그러나 이 마지막 페이지가 곧 당신의 첫 문장이 되기를 바란다.
누구도 대신 써줄 수 없는 당신만의 이야기를, 당신의 문장으로 써 내려가기를 진심으로 응원한다.
이제, 당신의 시작이다.

이유순 드림

스타일과 전략

초판 1쇄 발행 2025. 10. 10.

지은이 이유순
펴낸이 김병호
펴낸곳 주식회사 바른북스

편집진행 김재영
디자인 양헌경
마케팅 송송이 박수진 박하연

등록 2019년 4월 3일 제2019-000040호
주소 서울시 성동구 연무장5길 9-16, 301호 (성수동2가, 블루스톤타워)
대표전화 070-7857-9719 | **경영지원** 02-3409-9719 | **팩스** 070-7610-9820

•바른북스는 여러분의 다양한 아이디어와 원고 투고를 설레는 마음으로 기다리고 있습니다.

이메일 barunbooks21@naver.com | **원고투고** barunbooks21@naver.com
홈페이지 www.barunbooks.com | **공식 블로그** blog.naver.com/barunbooks7
공식 포스트 post.naver.com/barunbocks7 | **페이스북** facebook.com/barunbooks7

ⓒ 이유순, 2025
ISBN 979-11-7263-614-2 03320

•파본이나 잘못된 책은 구입하신 곳에서 교환해드립니다.
•이 책은 저작권법에 따라 보호를 받는 저작물이므로 무단전재 및 복제를 금지하며,
 이 책 내용의 전부 및 일부를 이용하려면 반드시 저작권자와 도서출판 바른북스의 서면동의를 받아야 합니다.